Work & Travel Neuseeland

Die Autorin: Hannah Sommer, Jahrgang 1975, reiste mehrere Jahre als Backpacker um die Welt. Um ihre Reise zu finanzieren, arbeitete sie in diversen Ländern u.a. als Barista, Kellnerin und Erntehelferin. Sie lebt als freie Autorin in Berlin.

Hannah Sommer

Work & Travel Neuseeland

Handbuch zur Organisation einer Work & Travel Reise

FSC
www.fsc.org
MIX
Papier aus verantwortungsvollen Quellen
Paper from responsible sources
FSC® C105338

Bibliografische Information der Deutschen Nationalbibliothek:
Die Deutsche Nationalbibliothek verzeichnet diese Publikation in der Deutschen Nationalbibliografie; detaillierte bibliografische Daten sind im Internet über http://dnb.dnb.de abrufbar.

Umschlaggestaltung: Hannah Sommer
Foto Titelbild: © nikdoorg - Fotolia.com

Herstellung & Verlag: BoD™ - Books on Demand GmbH, Norderstedt
Prindet in Germany
ISBN: 978-3-7322-4646-5

INHALT

Vorwort

Work & Travel Aufenthalte im Ausland liegen im Trend. Immer mehr junge Leute nutzen die Möglichkeit, mit einem Working Holiday Visum in einem fremden Land zu arbeiten und zu reisen. Viele gönnen sich eine Auszeit im Job oder während des Studiums, andere überbrücken Wartezeiten an der Universität oder nutzen die Chance, vor Arbeitsbeginn im Ausland Berufserfahrung zu sammeln.

Seit der Einführung des Working Holiday Visums für Neuseeland im Jahre 2000 hat sich das Land zu einem beliebten Reiseziel für junge Leute entwickelt. Auch dieses Jahr werden über 10.000 junge Deutsche mit dem Visum unabhängig durch das Land reisen, den Aufenthalt durch Gelegenheitsjobs finanzieren und Menschen aus anderen Kulturen fernab der Touristenpfade kennenlernen.

Damit der Start ins Abenteuer ohne Probleme verläuft, muss jedoch einiges durchdacht und beachtet werden. Die Vorbereitung ist umfangreich, aber auch ohne Work & Travel Organisation möglich.

Dieses Buch zeigt, wie eine Work & Travel Reise vorbereitet wird, was vor der Abreise zu erledigen ist und wie man das Beste aus der Zeit in Neuseeland machen kann. Durch selbst gesammelte Erfahrungen und Tipps von anderen Backpackern ist ein umfangreicher Work & Travel Reiseführer für Neuseeland entstanden, der Schritt für Schritt erklärt, wie der Traum vom Auslandsjahr wahr wird.

Viel Erfolg!

Hannah Sommer

WORKING HOLIDAY

Working Holiday – was ist das?

Das Working Holiday Programm ist ein Austauschprogramm für junge Menschen, das den Kulturaustausch zwischen Deutschland und Neuseeland fördern soll. Junge Leute im Alter von 18 bis 30 Jahren haben die Möglichkeit, für maximal zwölf Monate durch Neuseeland zu reisen und den Aufenthalt durch Gelegenheitsjobs zu finanzieren. Im Gegenzug dürfen auch junge Neuseeländer ein Working Holiday Visum (WHV) für Deutschland beantragen, das Land bereisen und arbeiten. Diese Art des Reisens ist auch unter dem Namen „Work & Travel" bekannt. Durch den Langzeitaufenthalt im Ausland und die Möglichkeit nebenbei zu arbeiten, können Land und Kultur besser und intensiver kennengelernt werden. Das Reisen und der kulturelle Austausch sollen dabei im Vordergrund stehen. Gearbeitet werden darf nur, um den Aufenthalt zu finanzieren. Aus diesem Grund heißt das Visum „Working Holiday Visum" (Arbeits-Urlaubs-Visum).

Das Working Holiday Visum

Voraussetzungen und Bedingungen

Nicht jeder kann ein Working Holiday Visum für Neuseeland bekommen. Zur erfolgreichen Beantragung des begehrten Visums sind folgende Voraussetzungen und Bedingungen zu erfüllen:

Das Working Holiday Visum bekommt man nur einmal im Leben.

Arbeitsurlauber dürfen bis zu einem Jahr bei einem Arbeitgeber oder verschiedenen Arbeitgebern arbeiten.

Antragsteller müssen zum Zeitpunkt der Beantragung außerhalb Neuseelands wohnen und die Staatsbürgerschaft eines Landes besitzen, das ein Working Holiday Abkommen mit Neuseeland hat. Wer bereits in Neuseeland ist, muss in Besitz eines gültigen temporären Visums sein.

Benötigt wird ein Reisepass, der noch mindestens drei Monate nach der geplanten Rückkehr nach Deutschland gültig ist. Bei der Einreise über die USA ist seit 2006 ein biometrischer Pass obligatorisch.

Antragsteller müssen zwischen 18 und 30 Jahre alt sein und dürfen keine minderjährigen Kinder nach Neuseeland mitbringen. Das letztmögliche Datum der Antragstellung ist der Vortag des 31. Geburtstages. Wichtig: Zeitverschiebung beachten. Es gilt die New Zealand Standard Time (NZST) als Zeitpunkt der Antragstellung.

Arbeitsurlauber müssen über ausreichend finanzielle Mittel (4.200 NZD, ca. 2.720 EUR), ein Rückflugticket und eine Krankenversicherung, die für den gesamten Aufenthalt in Neuseeland gültig ist, verfügen. Entsprechende Nachweise sollte man bei der Einreise zur Hand haben, da es zu Stichproben kommen kann. Der Nachweis von Geldmitteln kann durch Reiseschecks, einen Kreditbrief der Bank oder einen aktuellen Kontoauszug einer deutschen oder neuseeländischen Bank erbracht werden. Wer nur mit einem Hinflugticket einreist, sollte zusätzlich über finanzielle Mittel für den Kauf eines Rückflugtickets verfügen.

Wer sich in den letzten fünf Jahren insgesamt drei Monate oder länger in einem Land mit hoher Tuberkulose-Gefahr aufgehalten hat, muss einen Tuberkulosetest machen und dem Antrag ein ausgefülltes Gesundheitszeugnis (Chest X-Ray Certificate INZ 1096) sowie einen Arztbericht beilegen. Das Röntgenbild muss nicht eingereicht werden, kann aber zu einem späteren Zeitpunkt angefordert werden. Ein ärztliches Gesundheitszeugnis (Medical and Chest X-ray Certificate NZIS 1007) wird außerdem verlangt, wenn man beabsichtigt, länger als zwölf Monate in Neuseeland zu bleiben.

Da die Gesundheitszeugnisse in manchen Fällen zur weiteren Bearbeitung an die neuseeländische Einwanderungsbehörde in London geschickt werden, kann es zu längeren Bearbeitungszeiten des Working Holiday Visums kommen. Weitere Informationen und die benötigten Formulare sind auf der Webseite der Einwanderungsbehörde (www.immigration.govt.nz) erhältlich.

Der Preis für die Antragstellung und das Visum beträgt 105 EUR.

Da sich die Visabedingungen jederzeit ändern können, sollte man sich auf der Webseite der neuseeländischen Einwanderungsbehörde über die aktuellen Voraussetzungen und Bedingungen für Antragsteller zu informieren.

Visumantrag

Das Working Holiday Visum kann rund um die Uhr auf der Webseite der neuseeländischen Einwanderungsbehörde (https://www.immigration.govt.nz/secure/default.htm) beantragt werden. Dort muss man sich zunächst registrieren, um Zugriff auf das Antragsformular zu erhalten.

Über die erfolgreiche Erteilung des Visums wird man nicht automatisch informiert. Antragsteller müssen sich mit ihren Registrierungsdaten erneut in das Online-Konto einloggen, um zu prüfen, ob das Visum erteilt wurde. Mussten keine ungewöhnlichen Angaben gemacht oder ein Gesundheitszeugnis eingereicht werden, sollte dies innerhalb weniger Tage geschehen. Dennoch ist es sinnvoll, das Visum rechtzeitig zu beantragen, um eventuellen Verzögerungen entgegenwirken zu können.

Die Bezahlung der Gebühr von 105 EUR ist nur per Kreditkarte (Visa- oder MasterCard) möglich. Wer keine Kreditkarte besitzt, kann Familie oder Freunde bitten, mit ihrer Kreditkarte zu bezahlen. Das Visum muss nicht mit der eigenen Kreditkarte bezahlt werden.

Auch wenn es kein Kontingent gibt und die meisten Anträge genehmigt werden, empfiehlt es sich bis zur Erteilung des Visums mit der Reisebuchung zu warten.

Visumaufkleber

Da die Beantragung des Working Holiday Visums elektronisch abgewickelt wird, bekommt man vor der Abreise keinen Visumaufkleber. Bei der Ankunft in Neuseeland wird der Reisepass gescannt und mit den gespeicherten Daten der Einwanderungsbehörde abgeglichen. Danach bekommt man den Einreisestempel in den Reisepass.

Um neuseeländischen Arbeitgebern nachweisen zu können, dass ein Working Holiday Visum und damit eine Arbeitserlaubnis vorhanden ist, reicht ein Ausdruck des elektronischen Visums.

Gültigkeitsdauer

Ab dem Tag der Erteilung des Visums hat man zwölf Monate Zeit, um in Neuseeland einzureisen. Reist man nicht innerhalb dieser Zeit ein, verliert das Working Holiday Visum seine Gültigkeit. Das Visum ist ab dem Tag der Ersteinreise für genau zwölf Monate gültig. Man darf für ein Jahr in Neuseeland leben, arbeiten und reisen.

Unterbrechung

Ab dem Tag der Einreise nach Neuseeland darf man maximal zwölf Monate im Land bleiben. Eine Unterbrechung der Visumgültigkeit ist nicht möglich. Man darf Neuseeland während dieser zwölf Monate so oft verlassen und wieder einreisen, wie man möchte, die außerhalb des Landes verbrachte Zeit wird jedoch nicht angerechnet.

Kontingent

Für deutsche Staatsbürger gibt es momentan kein Kontingent, dennoch sollte man mit der Reisebuchung warten, bis das Visum erteilt wurde, denn eine Garantie für das Working Holiday Visum gibt es nicht.

Verlängerung

Wer länger als zwölf Monate in Neuseeland bleiben möchte, sollte rechtzeitig vor Ablauf des Working Holiday Visums ein anderes Visum beantragen. Andere Visumtypen können für den vorübergehenden oder dauerhaften Aufenthalt in Neuseeland beantragt werden, wenn der Antragsteller die für das jeweilige Visum geltenden Bedingungen und Anforderungen erfüllt.

Eine Verlängerung des Working Holiday Visums ist nur möglich, wenn während des Aufenthaltes in Neuseeland mindestens drei Monate Saisonarbeit in der Gartenbauindustrie oder im Weinanbau geleistet wurden. Wer dies nachweisen kann, hat die Möglichkeit ein Working Holidaymaker Extension Visa zu beantragen und kann dadurch das Arbeitsvisum um drei Monate verlängern. Die Visumverlängerung muss vor Ablauf des ursprünglich erteilten Visums bei der Einwanderungsbehörde beantragt werden. Eine Beantragung online ist nicht möglich. Die Kosten betragen 165 NZD (105 EUR).

Wann ist der richtige Zeitpunkt?

Der ideale Zeitpunkt für einen Auslandsaufenthalt ist das Ende eines Lebensabschnittes. Das kann das Ende der Schulzeit, der Ausbildung oder des Studiums sein. Aber auch ein auslaufender Arbeitsvertrag oder die Trennung vom Partner sind gute Zeitpunkte eine Auszeit zu nehmen und ein anderes Land zu bereisen.

Wer ein Arbeitsverhältnis hat und nicht kündigen möchte, aber dennoch für eine Weile ins Ausland gehen möchte, sollte das Gespräch mit dem Arbeitgeber suchen. Viele Firmen unterstützen Mitarbeiter bei der Durchführung eines Sabbaticals. Unter einem Sabbatical versteht man einen Langzeiturlaub, der es einem Arbeitnehmer ermöglicht, für einen längeren Zeitraum unter Beibehaltung seiner Bezüge aus dem Job auszuscheiden, und danach wieder an seinen Arbeitsplatz zurückzukehren. Der Arbeitnehmer arbeitet bis zur Auszeit für ein geringeres Gehalt, das dann aber auch während der Auszeit weiter bezahlt wird. Die Grundlage dafür bildet das Flexigesetz (ArbZAbsichG) von 1998 und das Teilzeit- und Befristungsgesetz (TzBfG) vom 1. Januar 2001. Einen gesetzlichen Anspruch auf ein Sabbatical gibt es jedoch nicht, es muss individuell mit dem Arbeitgeber geregelt werden. Wer sich gut auf das Gespräch mit dem Arbeitgeber vorbereitet und klarmachen kann, dass er nach der Auszeit mit freiem Kopf und neuen Ideen wieder voll im Job durchstarten kann, hat natürlich bessere Chancen freigestellt zu werden, als jemand, der keine Lust mehr auf den Job hat und ein Jahr Party machen möchte. Stimmt der Arbeitgeber dem Sabbatical zu, sollte dies unbedingt schriftlich in einem individuellen Vertrag geregelt werden. Stimmt der Arbeitgeber nicht zu, bleibt nur die Kündigung. Wer sich nach der Rückkehr beim Vorstellungsgespräch gut verkauft, kann jedoch durch die gemachten Erfahrungen und neu gewonnenen Fähigkeiten bei den meisten Arbeitgebern Pluspunkte sammeln.

Ist die Entscheidung für einen Arbeitsurlaub in Neuseeland gefallen, wird empfohlen, auch das Klima in die Reiseplanung mit einzubeziehen. Generell kann man sagen, dass sich Neuseeland ganzjährig als Reiseziel eignet. Im neuseeländischen Sommer, zwischen November und März/April sind die Temperaturen auf der Nordinsel angenehm warm und sonnig, auf der Südinsel zum Teil sehr heiß. In dieser Zeit gibt es normalerweise reichlich Jobs, vor allem im Tourismusbereich und in den verschiedenen Obst- und Gemüseanbaugebieten. Der neuseeländische Winter beginnt im Mai/Juni und endet im Oktober. Während dieser Zeit können beide Inseln bereist werden, es muss jedoch mit kühleren Temperaturen, vor allem auf der Südinsel, gerechnet werden. In den Bergregionen kann in dieser Zeit reichlich Schnee fallen, sodass sich in den Skigebieten während dieser Jahreszeit viele Jobmöglichkeiten ergeben können.

Allein, zu zweit oder mit Freunden reisen?

Für fast jeden, der mit dem Gedanken spielt, nach Neuseeland zu reisen, stellt sich irgendwann die Frage, ob man allein, zu zweit oder mit Freunden reisen sollte. Eine Antwort auf diese Frage zu finden ist nicht leicht, denn alle Varianten haben Vorteile und Nachteile.

Allein

Wer allein reist, genießt die absolute Freiheit. Entscheidungen können getroffen werden, ohne Kompromisse eingehen zu müssen. Gefällt ein Ort nicht, kann man spontan weiterreisen. Diskussionen, in welchem Hostel geschlafen werden soll oder wie lange der Aufenthalt sein soll entfallen. Heutzutage ist es ganz normal, allein zu reisen. In touristisch gut erschlossenen Ländern wie Neuseeland sind viele Backpacker allein unterwegs, auch Frauen. Keiner wird komisch angesehen und gefährlich ist es auch nicht.

Viele Langzeitreisepläne scheitern jedoch häufig daran, dass man nicht allein auf Reisen gehen will. Dabei gibt es keinen Grund auf ein Auslandsjahr zu verzichten, nur weil man nicht allein reisen möchte. Denn, als Alleinreisender ist man selten wirklich allein. Auf der Reise durch Neuseeland hat man oft die Gelegenheit sich anderen Rucksacktouristen anzuschließen und mit ihnen ein Stück des Weges zu teilen. Gerade für Alleinreisende ergeben sich meist bessere Kontaktmöglichkeiten zu Einheimischen oder anderen Backpackern, da man nicht ständig auf seinen Partner fixiert ist. Hostels, Sprachschulen oder organisierte Ausflüge sind ideale Orte um Kontakt zu anderen Reisenden zu finden. Aber auch auf Flughäfen, im Bus oder im Zug können Fremde angesprochen und Reisepläne geschmiedet werden. Solange man sich nicht im Zimmer versteckt und Menschen aus dem Weg geht, wird man schnell Anschluss zu Anderen finden.

Zu zweit

Wer in einer festen Beziehung lebt, entscheidet sich meist dafür, mit dem Partner auf Reisen zu gehen. Aber auch der beste Freund oder die beste Freundin bietet sich als Reisepartner an. Die Vorteile liegen auf der Hand: Kosten für Lebensmittel, Mietwagen, usw. können geteilt werden und man kann sich gegenseitig unterstützen, indem z. B. einer den Sitzplatz im Bus reserviert, während der Andere die Rucksäcke ins Gepäckfach schiebt. Zudem können gemeinsam gemachte Erfahrungen auch nach der Rückkehr nach Deutschland geteilt werden.

Eine Langzeitreise ist jedoch auch eine Belastungsprobe für die Beziehung oder die Freundschaft. Anders als im Urlaub kann es auf einer längeren Reise häufiger zu Stresssituationen kommen, wenn z. B. beide Partner unterschiedliche Ansichten über die Reiseroute, das Hostel oder die Reisekasse haben. Können Beide gut mit solchen Situationen umgehen, schweißt das oft noch näher zusammen. Kommt es jedoch immer wieder zum Streit, kann das die Beziehung belasten. Wer zu zweit einen Arbeitsurlaub plant, sollte vor der Abreise daher genau über die eigenen Wünsche und Vorstellungen mit dem Partner sprechen. Wichtig ist, sich auch in Neuseeland Freiraum zu geben und bei Bedarf auch ohne den Partner auszugehen, etwas zu unternehmen oder für eine Weile getrennt zu reisen.

Mit Freunden

Der Gedanke mit Freunden durch Neuseeland zu Reisen klingt verlockend. Leider sieht die Realität oft anders aus. Häufig passiert es, dass während der Reise unterschiedliche Interessen zutage kommen. Je größer die Gruppe ist, desto mehr Kompromisse müssen eingegangen werden. Streit ist nahezu vorprogrammiert. Ein Work & Travel Aufenthalt mit mehreren Freunden ist daher nur bedingt zu empfehlen. Wichtig sind gemeinsame oder ähnliche Interessen, das gleiche Reisebudget und der gleiche Zeitrahmen. Vor der Abreise sollte mit allen Mitreisenden offen und ehrlich über die jeweiligen Erwartungen an den Auslandsaufenthalt gesprochen werden. Auch wenn man bereits eigene Freunde hat, empfiehlt es sich, vor Ort Kontakt zu anderen Backpackern zu knüpfen und bei Bedarf auch ohne die Gruppe etwas zu unternehmen.

Work & Travel Programm vs. Individualreise

Nachdem man sich für einen Arbeitsurlaub entschieden hat, stellt sich für die meisten die Frage: Wie organisiert man das eigentlich? Für die Organisation der Reise hat man zwei Möglichkeiten: Man plant die gesamte Reise selbst oder man bucht ein Work & Travel Programm bei einem Veranstalter, der sich um alle notwendigen Formalitäten kümmert.

Für beide Varianten wird ein Working Holiday Visum benötigt, welches man bei der neuseeländischen Einwanderungsbehörde beantragt. Das Visum muss jeder selbst beantragen, unabhängig davon ob mit oder ohne Organisation nach Neuseeland gereist wird. Die Organisationen geben lediglich Hilfestellung bei der Beantragung des Visums.

Wurde das Visum erteilt, kann mit der Planung der Reise begonnen werden. Wer die Reise selbst organisiert, muss sich Gedanken über Flugtickets, Versicherungen, Unterkünfte, Jobsuche u. v. m. machen.

Wer die Organisation einer Firma überlässt, muss lediglich das gewünschte Programm auswählen und bezahlen. Im Basispaket eines Work & Travel Programms sind in der Regel Flug, Versicherung, Workshops sowie Ansprechpartner in Deutschland und Neuseeland enthalten.

Auf den folgenden Seiten werden die Work & Travel Programme genauer vorgestellt, Tipps zur individuellen Reiseplanung gegeben und beide Möglichkeiten miteinander verglichen.

Work & Travel Programm

Work & Travel Veranstalter bieten Komplettpakete an, die aus Flug, Abholung vom Flughafen, zwei bis drei Übernachtungen, Einführungsseminar und Vor-Ort-Betreuung bestehen. Sie helfen außerdem bei der Beantragung des Working Holiday Visums, der Beantragung einer Steuernummer, der Eröffnung eines Bankkontos und der Jobsuche. Jobs werden jedoch nicht vermittelt, sondern müssen selbst besorgt werden.

Die Preise für Work & Travel Programme variieren stark, obwohl sich die Leistungen der verschiedenen Veranstalter kaum voneinander unterscheiden. Folgende Leistungen werden normalerweise von allen Veranstaltern angeboten:

Vor der Reise

Infoveranstaltungen
Die meisten Veranstalter bieten regelmäßig kostenlose Infoveranstaltungen und Workshops in verschiedenen Städten Deutschlands an. Teilnehmer erhalten Tipps zur Reiseplanung, Jobsuche, Visumbeantragung, Reiseversicherung u. v. m. Oft sind auch ehemalige Teilnehmer dabei und berichten von ihren eigenen Erfahrungen.

Programmkoordinator
Work & Travel Teilnehmer erhalten nach der Anmeldung einen Ansprechpartner, der sich um die Reisebuchung kümmert und bei Fragen jederzeit zur Verfügung steht.

Flug
Alle Work & Travel Programme beginnen in Auckland. Die Kosten des Fluges sind im Programm enthalten, bei einigen Veranstaltern ist es möglich, den Flug auch selbst zu buchen.

Visumantrag
Jeder Work & Travel Teilnehmer benötigt ein Working Holiday Visum für Neuseeland, welches vom Teilnehmer selbst beantragt werden muss. Die Veranstalter beantragen das Visum für Teilnehmer nicht, geben jedoch Hilfestellung beim Ausfüllen des Antrags. Die Kosten für das Visum von 105 EUR sind in der Regel nicht im Paketpreis enthalten.

Versicherung
Jede Organisation hilft beim Abschluss einer Reiseversicherung. Die Kosten für die Versicherung sind jedoch häufig nicht im Work & Travel Paket enthalten.

Handbuch
Jeder Teilnehmer erhält vom Veranstalter ein kostenloses Handbuch mit Tipps rund um den Work & Travel Aufenthalt in Neuseeland.

Gratiszugaben
Je nach Organisation erhalten Teilnehmer mehr oder weniger nützliche Geschenke, wie Reiseführer, T-Shirts, Hostelmitgliedschaften oder Schlüsselbänder.

Mögliche Zusatzleistungen
Die meisten Organisationen haben engen Kontakt zu Sprachschulen, Arbeitsagenturen und Reiseveranstaltern in Neuseeland. Teilnehmer können verschiedene Kurse wie Ski-, Surf- oder Englischkurse bereits in Deutschland zu einem günstigeren Preis buchen.

Die Reise

Einzelflug
Je nach Veranstalter stehen verschiedene Flugrouten zur Verfügung. Manchmal besteht die Möglichkeit, in Asien einen Zwischenstopp einzulegen.

Gruppenreise
Einige Veranstalter organisieren mehrmals im Monat Gruppenreisen. Wer nicht allein nach Neuseeland fliegen möchte, kann schon auf dem Hinweg andere Arbeitsurlauber kennenlernen.

Abholservice und Übernachtungen
Nach der Ankunft in Neuseeland werden die Teilnehmer vom Flughafen abgeholt und für die ersten zwei oder drei Nächte in einem Hostel untergebracht. Auf dem Weg zum Hostel werden auf einer Orientierungstour die wichtigsten Sehenswürdigkeiten und Adressen der Stadt gezeigt.

In Neuseeland

Partnerbüros
Die Mitarbeiter der Partnerbüros in Neuseeland informieren, betreuen und unterstützen die Teilnehmer bei Fragen, organisatorischen Angelegenheiten und Jobangeboten vor Ort.

Einführungsseminar
Alle Partnerbüros bieten Einführungsseminare an, bei denen Themen wie Jobsuche, Wohnungssuche, Reisen und Notfallhilfe besprochen werden. Auch neuseeländische Formalitäten, wie die Eröffnung eines Bankkontos und die Beantragung einer Steuernummer werden erklärt.

Mitgliedschaften
Bei den meisten Organisationen sind verschiedene Mitgliedschaften, z. B. bei einer Jobagentur oder Hostelkette, bereits im Paketpreis enthalten.

Postfach
Teilnehmer eines Work & Travel Programms bekommen automatisch ein Postfach bei einem Partnerbüro in Neuseeland. Post kann weitergeleitet oder direkt im Partnerbüro abgeholt werden.

Rufnummer für Notfälle
Die meisten Veranstalter haben eine Rufnummer für Notfälle, die rund um die Uhr angerufen werden kann.

Gratiszugaben
Auch in Neuseeland erhält man von den Organisationen mehr oder weniger nützliche Geschenke, wie kostenlose Internetnutzung in den Partnerbüros, SIM-Karten, Tagesausflüge oder Gutscheine.

Nach der Reise

Zertifikat
Alle Work & Travel Teilnehmer erhalten nach der Rückkehr nach Deutschland ein Zertifikat, das die Teilnahme am Work & Travel Programm bestätigt.

Solche Komplettpakete sind natürlich nicht billig. Work & Travel Programme inklusive Flug, ohne Versicherung sind ab 1.750 EUR erhältlich. Aktuelle Preise findet man auf den Webseiten der verschiedenen Veranstalter.

Work & Travel Anbieter

Seit Einführung des Working Holiday Visums haben sich zahlreiche Firmen auf die Organisation eines Arbeitsurlaubes in Neuseeland spezialisiert. Die bekanntesten Organisationen, die komplette Work & Travel Pakete anbieten sind:

TravelWorks (www.travelworks.de)
Stepin (www.stepin.de)
Praktikawelten (www.praktikawelten.de)
AIFS American Institute For Foreign Study (www.aifs.de)
GLS (www.gls-sprachenzentrum.de)
Juststudies! (www.juststudies.de)
Southern Cross (www.southerncross.eu)
iSt Internationale Sprach- u. Studienreisen (www.sprachreisen.de)
Travel-n-Work der Sprachcaffee Reisen (www.travel-und-work.de)
Real Gap Experience (www.realgap.de)
PractiGo (www.holidaywork.de)
Active Abroad (www.activeabroad.de)
World of Xchange (www.world-of-xchange.com)
MultiKultur e.K. (www.multikultur.info)

CC CollegeCouncil GmbH (www.college-council.de)
Open Door International e.V. (www.opendoorinternational.de)

Individualreise

Wer seine Reise selbst organisiert hat mehr Freiheiten. Die Flugroute, die Fluggesellschaft, das Abflugdatum, der Ankunftsort, die Unterkunft und die Reiseversicherung können individuell gewählt werden. Außerdem ist die Selbstorganisation die beste Vorbereitung auf das Auslandsjahr. Wer sich schon bei der Reiseplanung intensiv mit Neuseeland beschäftigt, wird vieles besser verstehen und durchschauen und ist dadurch bestens auf den Neuseelandaufenthalt vorbereitet. Nebenbei lässt sich so auch noch Geld sparen. Ein Work & Travel Programm kostet etwa 200 bis 500 EUR mehr als eine selbst organisierte Reise.

Wer seinen Auslandsaufenthalt selbst organisierten möchte, braucht im Prinzip nichts weiter tun als das Visum zu beantragen, den Flug zu buchen, eine Versicherung abzuschließen, ein Bett im Hostel für die ersten Nächte zu buchen und sich ein paar Gedanken zur Jobsuche und Reiseroute zu machen. Bei der Planung kann vor allem das Internet helfen. Fast die gesamte Reise kann online organisiert und gebucht werden.

Bevor man mit der Reiseplanung beginnt, informiert man sich über Neuseeland und das Working Holiday Programm. Neben diesem Buch gibt es viele Möglichkeiten um Informationen zu erhalten. Im Internet findet man unzählige Webseiten, die sich mit dem Thema Work & Travel beschäftigen.

Auch die kostenlosen Infoveranstaltungen der Work & Travel Veranstalter sind eine gute Informationsquelle. Die meisten Veranstalter laden regelmäßig zu Infoveranstaltungen in verschiedenen Städten Deutschlands ein. Auch dort werden alle wichtigen Themen besprochen und verschiedene Broschüren zur Verfügung gestellt. Die Teilnahme lohnt sich, auch wenn am Ende kein Work & Travel Programm gebucht wird.

In Neuseeland selbst sind kostenlose Backpackermagazine erhältlich, die neben zahlreichen Werbeanzeigen auch hilfreiche Tipps zu Unterkünften, Transportmöglichkeiten, Reisezielen und Jobs enthalten. Wer schon vor der Abreise in den Magazinen blättern möchte, kann die jeweils aktuelle Ausgabe des Backpackers News Magazins (www.backpackersnews.co.nz) sowie des TNT Magazins (www.tntdownunder.com) im Internet ansehen.

Work & Travel Programm vs. Individualreise - Vergleich

Leistung	**Work & Travel Programm**	**Individualreise**
Infoveranstaltungen	Kostenlose Infoveranstaltungen finden regelmäßig in ganz Deutschland statt.	Informationsbeschaffung über Freunde, Internet, Foren, Blogs und Bücher.
Visum	Das Visum muss selbst beantragt werden.	Das Visum wird selbst beantragt.
Flug	Die Organisation bucht den Flug. Nicht immer ist die Wahl einer bestimmten Fluggesellschaft oder Flugroute möglich.	Günstige Flüge können online oder im Reisebüro gebucht werden. Fluggesellschaft und Flugroute sind frei wählbar.
Reiseversicherung	Die Organisation empfiehlt die eigene Reiseversicherung bzw. die Reiseversicherung eines Partnerunternehmens.	Leistungen und Preise verschiedener Versicherungen können im Internet miteinander verglichen werden.
Unterkunft	Die Organisation bucht für die ersten zwei oder drei Nächte ein Bett im Hostel. Die Wahl eines bestimmten Hostels ist nicht möglich.	Ein Bett im Hostel für die ersten Nächte kann online gebucht werden. Preise und Standards können online verglichen werden.
Steuernummer	Die Steuernummer muss selbst beantragt werden. Die Organisation sagt, wo das möglich ist.	Die Steuernummer kann direkt bei der Inland Revenue beantragt werden.
Bankkonto	Das Konto muss selbst beantragt werden.	Das Konto wird selbst beantragt.

Postfach	Die Organisation richtet im Partnerbüro in Neuseeland ein Postfach ein. Briefe können weitergeleitet oder abgeholt werden.	Zahlreiche Firmen bieten Postfächer speziell für Backpacker an. Adressen findet man in diesem Buch oder im Internet.
Arbeit	Die Organisation registriert Teilnehmer bei einer Jobagentur. Den Job muss man sich jedoch selbst suchen.	Jobangebote findet man an Schwarzen Brettern, in Zeitungen, online oder über verschiedene Jobagenturen.
Ansprechpartner	Die Organisation stellt einen Ansprechpartner für Fragen zur Verfügung.	Bei Fragen können Backpacker oder Hostelmitarbeiter helfen.
Notfallrufnummer	Die Organisation ist im Notfall rund um die Uhr erreichbar.	Im Notfall sind Polizei und Notarzt rund um die Uhr erreichbar.
Gratiszugaben	T-Shirts, Lanyards u. v. m.	Keine Gratiszugaben.

Work & Travel Programm oder Individualreise?

Grundsätzlich kann man sagen, dass ein Auslandsaufenthalt ohne Probleme allein organisiert werden kann. Mit Hilfe des Internets kann fast die gesamte Reise online geplant und gebucht werden. Das Working Holiday Visum kann online beantragt werden, Flüge und Unterkünfte können über das Internet gebucht werden, in Foren kann sich mit Gleichgesinnten ausgetauscht werden, selbst Jobs lassen sich über das Internet finden. Dazu kommt, dass Neuseeland eines der backpackerfreundlichsten Länder der Welt ist. Seit Jahren hat man sich dort auf deren Bedürfnisse eingestellt. So sind kostenlose Backpackermagazine, spezielle Backpackerbustickets und Mitgliedschaften in Backpackerjobagenturen erhältlich.

Wird die Reise selbst organisiert, kommt man auch mit eventuell auftretenden Problemen besser zurecht, da man sich durch die Reisevorbereitung gut über Neuseeland informiert hat. Nicht zuletzt lässt sich durch eine Individualreise auch der eine oder andere Euro sparen. Die Reise mit einer Organisation ist etwa 200 bis 500 EUR teurer, als eine selbst organisierte Reise. Für die Mehrkosten bekommt man bei der Buchung über eine Organisation, einen Ansprechpartner in Deutschland, der alle offenen Fragen beantwortet und bei auftretenden Problemen behilflich ist. Der Gruppenflug, der Flughafentransfer, die Orientierungstour in der neuen Stadt und die Unterbringung in einem Hostel werden ebenfalls vom Veranstalter organisiert.

Viele werden sich fragen, ob es sich dann überhaupt lohnt, ein Work & Travel Programm über einen Veranstalter zu buchen. Natürlich hat es auch Vorteile mit einer Organisation zu reisen. So ist ein Work & Travel Programm ideal für Reisende, denen ein Ansprechpartner in Neuseeland wichtig ist oder wenn wenig Zeit für die Organisation der Reise zur Verfügung steht, wenn z. B. Verpflichtungen im Job oder Prüfungen anstehen. Eine Organisation lohnt sich auch für alle, die nicht alleine nach Neuseeland reisen wollen. Auf einer Gruppenreise trifft man schon im Flugzeug andere Backpacker und kann die ersten Tage nach der Ankunft mit Gleichgesinnten verbringen. Und natürlich wirkt ein offizielles Work & Travel Programm auf die Familie beruhigender, da es vor Ort einen Ansprechpartner gibt.

Wer jedoch nur wegen besserer Jobaussichten mit einer Organisation bucht, sollte nicht zu viel erwarten. Eine Jobgarantie gibt es nicht. Auch wenn die meisten Veranstalter damit werben, bei der Jobsuche behilflich zu sein, muss sich jeder selbst um Arbeit kümmern. Die Organisationen geben lediglich Tipps und Hinweise zur Jobsuche. Sie verweisen auf die Schwarzen Bretter in Hostels, die Anzeigen in Backpackermagazinen oder die Mitgliedschaft bei einer Jobagentur. Manchmal stehen auch Listen mit aktuellen Stellenanzeigen zur Verfügung. Bewerben muss man sich jedoch selbst. Bei der Jobsuche spielen Persönlichkeit, Erfahrung und auch Glück eine Rolle. Darauf hat eine Organisation keinen Einfluss.

Work & Travel Kosten

Wie viel Geld wird benötigt?

Laut einer Studie des Department of Labour's Immigration Service aus dem Jahr 2004 gibt ein Arbeitsurlauber während seines Neuseelandaufenthaltes durchschnittlich 15.000 NZD (9.720 EUR) aus. Durch verschiedene Jobs verdient jeder Arbeitsurlauber ca. 7.452 NZD (4.830 EUR) während des Aufenthaltes. Das macht deutlich, dass die für die Beantragung des Working Holiday Visums geforderten finanziellen Mittel von 4.200 NZD (2.720 EUR) auch tatsächlich zur Verfügung stehen sollten. Denn auch wenn man mit einem Working Holiday Visum in Neuseeland arbeiten und Geld verdienen kann, ist ein Aufenthalt von zwölf Monaten ohne angespartes Geld kaum zu finanzieren.

Da jeder Backpacker unterschiedliche Ansprüche, Bedürfnisse und Gewohnheiten hat, können an dieser Stelle keine genauen Angaben darüber gemacht werden, wie viel Geld für den Aufenthalt in Neuseeland benötigt wird. Dennoch sollte man mit etwa 900 bis 1.300 NZD (580 bis 840 EUR) pro Monat rechnen, die vor Ort für Unterkunft, Lebensmittel, Transportkosten, Aktivitäten, u. v. m. ausgegeben werden.

Zusätzlich wird Geld für die Vorbereitung der Reise benötigt, denn Flug, Versicherung, Visum und Ausrüstung müssen auch finanziert werden. Erfahrungsgemäß werden dafür ca. 2.000 EUR benötigt. Wer bereits einen Großteil der Ausrüstung, wie Rucksack, Wanderschuhe, Kleidung oder Reisepass besitzt, wird wahrscheinlich deutlich weniger Geld für die Vorbereitung ausgeben. Um Geld zu sparen, bietet es sich an, alles was für die Reise benötigt wird, auf die Wunschlisten für Weihnachten oder Geburtstage zu setzen.

Um abzuschätzen, wie viel Geld vor und während der Reise benötigt wird, sollte frühzeitig überlegt werden, welche Ausrüstungsgegenstände gekauft werden müssen und was für Unterkünfte, Transportmittel und Aktivitäten vor Ort geplant sind. Die individuellen Reisekosten hängen letztlich vor allem von diesen Faktoren ab. Auch der Aufenthaltsort in Neuseeland spielt eine wichtige Rolle. Obwohl Lebensmittel in ländlichen Gegenden meist teurer sind als im Supermarkt in der Großstadt, gibt es dort oft weniger Möglichkeiten das Geld auszugeben. In den Großstädten sind Lebensmittel zwar günstiger, es wird jedoch häufig mehr Geld für Aktivitäten und Kleinigkeiten, wie Postkarten, Briefmarken, Internet, Getränke oder Kinobesuche ausgegeben. Wichtig ist, dass auch diese Kleinigkeiten mit einkalkuliert werden, denn häufig sind es diese Dinge, die die Reisekasse schrumpfen lassen.

Die meisten Backpacker geben während ihrer Neuseelandreise mehr Geld aus, als ursprünglich geplant. Einige planen so wenig Geld ein, dass die Reise aus Geldmangel abgebrochen werden muss. Um das zu vermeiden, sollte realistisch geplant werden und ca. 20 Prozent des gesparten Geldes als Reserve zur Verfügung stehen. Ist wenig Geld vorhanden, macht es Sinn zu überlegen, die Abreise um ein paar Monate zu verschieben, um mehr Geld zu sparen.

Wofür wird Geld ausgegeben?

In Deutschland

Flugticket
Ein einfaches Rückflugticket nach Neuseeland kostet zwischen 1.000 und 1.500 EUR. Je nach Saison und Verfügbarkeit kann das Ticket auch teurer sein. Round the World Tickets sind ab 1.400 EUR erhältlich.

Versicherung
Gute Auslandsversicherungen sind ab 50 EUR pro Monat erhältlich. Wer plant für zwölf Monate zu reisen, muss etwa 600 EUR für die Versicherung einplanen.

Ausrüstung
Ein weiterer Kostenfaktor kann die Ausrüstung sein. Ein guter Rucksack ist ab 100 EUR, ein Schlafsack für 20 bis 30 EUR erhältlich. Wanderschuhe kosten zwischen 50 und 80 EUR. Zusätzlich können weitere Ausgaben für Reisekleidung, Gürteltasche, Tagesrucksack, Schlösser, Taschenlampe und Reiseapotheke anfallen. Es lohnt sich auch zu überlegen, ob alles neu gekauft werden muss oder ob bereits vorhandene Gegenstände genutzt werden können. Nicht alles muss neu gekauft werden. Da die Preise für Ausrüstungsgegenstände stark variieren können, sollten auch die Preise vergleichen werden.

Dokumente

Um für zwölf Monate in Neuseeland arbeiten zu können, wird ein Reisepass (59 EUR) und ein Working Holiday Visum (105 EUR) benötigt. Zusätzlich können Kosten für den internationalen Führerschein (ca. 15 EUR), Rabattkarten (ca. 12 bis 35 EUR) oder Nachsendeanträge (14 EUR) anfallen.

Impfungen

Die Krankenkassen sind verpflichtet, medizinisch notwendige Impfungen, wie Kinderlähmung (Polio), Diphterie, Wundstarrkrampf (Tetanus) und Röteln zu bezahlen. Viele Krankenkassen übernehmen außerdem die Kosten für Reiseimpfungen, wenn diese vom Robert-Koch-Institut empfohlen werden, wie z. B. Hepatitis A und B (ca. 230 EUR), Gelbfieber (ca. 40 EUR) oder Typhus (ca. 25 EUR). Übernimmt die eigene Krankenkasse empfohlene Impfkosten nicht, können zusätzliche Kosten anfallen.

Sonstiges

Hierzu zählen Ausgaben für Kleinigkeiten wie Reiseführer oder der Transport zum Flughafen. Auch Lagerraum, der eventuell für Möbel während des Auslandsaufenthaltes benötigt wird, sollte mit einkalkuliert werden.

In Neuseeland

Unterkunft

Dem Department of Labour's Immigration Service New Zealand zufolge, wird das meiste Geld für Unterkünfte ausgegeben. Trotz verschiedener Übernachtungsmöglichkeiten schlafen die meisten Backpacker während ihrer Neuseelandreise am häufigsten in Hostels. Die Preise schwanken je nach Saison und von Stadt zu Stadt. Generell kann man von einem Durchschnittspreis von 25 NZD (16 EUR) für ein Bett in einem Hostel ausgehen.

Reisen

Der Backpackermarkt ist lukrativ. Deswegen werden zu fast allen Sehenswürdigkeiten und Ausflugszielen Touren und Exkursionen angeboten. Ein Großteil des Geldes wird deshalb auch fürs Reisen ausgegeben. Wer nicht aufpasst und jede Tour vom Abseiling bis zum Zorbing mitmacht, ist schnell sein erspartes Geld los. Daher ist es sinnvoll, sich bereits vor der Abreise ein paar Gedanken darüber zu machen, was man wirklich sehen und erleben möchte. Angaben zu Preisen können hier nur schwer gemacht werden, da Preise abhängig von der Länge der Tour sind. Während individuelle Tagesausflüge schon ab 10 NZD (7 EUR) möglich sind, können mehrtägige Abenteuertouren 100 NZD (65 EUR) oder mehr kosten.

Essen und Trinken

Die Kosten für Lebensmittel sind in etwa identisch mit denen in Deutschland. Backpackerfreundliche Lebensmittel wie Pasta, Reis, Gemüse, Obst und Brot sind in allen Supermärkten erhältlich und bewegen sich auf einem ähnlichen Preisniveau. Fleisch- und Fischprodukte können sogar günstiger sein als in Deutschland. Molkereiprodukte wie Käse, Joghurt oder Milch sind dagegen spürbar teurer, da die Landwirtschaft in Neuseeland nicht vom Staat subventioniert wird. Auch Alkohol ist deutlich teurer als in Deutschland. Ein Pint (ca. 0,5 L) kostet in der Kneipe ca. 8 NZD (5 EUR). Einen Sechser-Pack Bier bekommt man im Getränkemarkt für ca. 16 NZD (10 EUR). Man sollte mit ca. 50 bis 100 NZD (30 bis 60 EUR) pro Woche für Lebensmittel rechnen, wobei die Kosten davon abhängen, was und wo gekauft wird.

Fortbildung

Fort- und Weiterbildungskurse, wie Englischkurse (ca. 250 EUR pro Woche ohne Unterkunft) können teuer sein. Die Kurse sind zwar kein Muss, wer aber plant solche Kurse zu besuchen, muss zusätzlich Geld dafür einkalkulieren.

Nachtleben

Als Backpacker wird man, vor allem in Städten wie Auckland oder Christchurch öfter ausgehen. 100 bis 150 NZD (65 bis 100 EUR) pro Monat können für Kinobesuche, Konzerte oder Discobesuche eingeplant werden.

Sonstige

Oft sind es kleine Ausgaben wie Internetnutzung, Telefongespräche, Postkarten, Souvenirs oder Getränke, die die Reisekasse schrumpfen lassen. 90 bis 125 NZD (60 bis 80 EUR) können für diese Ausgaben jeden Monat anfallen.

Nachfolgend eine Übersicht des Department of Labour's Immigration Service New Zealand. In einer Umfrage wurde ermittelt, wofür Working Holiday Maker während ihres Aufenthaltes in Neuseeland Geld ausgeben:

Ausgaben für	Prozent	Ausgaben
Unterkunft	28	4.200 NZD (2.720 EUR)
Reisen	20	3.000 NZD (1.945 EUR)
Essen	19	2.850 NZD (1.845 EUR)
Ausflüge/Touren	12	1.800 NZD (1.165 EUR)
Nachtleben/Trinken	11	1.650 NZD (1.070 EUR)
Sonstige	10	1.503 NZD (975 EUR)
Gesamt	100	15.003 NZD (9.725 EUR)

Quelle: Working Holidaymakers in New Zealand 2004, Department of Labour's Immigration Service, New Zealand

Finanzierung

Auch wenn der Arbeitsurlaub durch Jobben in Neuseeland finanziert werden kann, heißt das nicht, dass vor der Abreise kein Geld gespart werden muss. Visum, Flüge, Versicherung, Ausrüstung u. v. m. müssen vor Reiseantritt besorgt und bezahlt werden und dafür benötigt man Geld. Wer kein volles Konto und keine wohlhabenden Eltern hat, muss sich nach alternativen Geldquellen umsehen. Nachfolgend die besten Tipps zur Finanzierung des Neuseelandaufenthaltes.

Kassensturz

Am Anfang der Reiseplanung sollte Kassensturz gemacht werden, um zu sehen, wie viel Geld tatsächlich vorhanden ist und was gespart werden muss. Wer ein klares Ziel vor Augen hat, wird dieses Ziel einfacher erreichen.

Sparkonto

Sinnvoll ist es ein separates Sparkonto anzulegen, auf dem das Geld für die Reise gesammelt wird. Ein Tagesgeldkonto mit einem guten Zinssatz bringt zusätzlich ein paar Euros.

Wohnen

Wer die Möglichkeit hat, zieht wieder bei seinen Eltern ein und spart sich dadurch die Miete. Sinnvoll ist dies, wenn die Wohnung ohnehin gekündigt werden soll. Andere Möglichkeiten Miete zu sparen wären der Umzug in ein WG-Zimmer oder die Suche nach einem Untermieter.

Nebenjob

Wer Zeit hat, kann sich einen Nebenjob suchen und dadurch das Konto aufbessern. Kellner, Callcenter-Agenten oder Kundendienstmitarbeiter werden fast immer gesucht. Aber auch durch Babysitting oder Handwerksarbeiten, wie Malern bei Verwandten oder Bekannten, kann man zu Geld kommen.

Entrümpeln

Jeder hat Gegenstände wie Möbel, Dekoartikel, Bücher oder Klamotten, die nicht mehr gebraucht werden. All diese Gegenstände können dem auf Flohmarkt, bei eBay oder auf Amazon verkauft werden. Wer seine Wohnung oder das WG-Zimmer aufgibt, hat jetzt die Möglichkeit richtig zu entrümpeln.

Geschenke

Geburtstag, Weihnachten oder andere Feste sind gute Gelegenheiten Eltern, Verwandte und Freunde zu bitten Geld oder andere nützliche Gegenstände wie Rucksack, Schlafsack oder Reiseführer zu schenken.

Spenden sammeln

Freunde und Verwandte können gebeten werden, Geld für die Reise zu spenden. Wer sich clever anstellt und an einem Freiwilligenprojekt einer Hilfsorganisation teilnimmt oder einen Teil seiner Einnahmen einem wohltätigen Zweck spendet, hat gute Chancen jede Menge Geld zu sammeln. Spendenaufrufe können z. B. auf Betterplace (www.betterplace.org/de) oder Helpedia (www.helpedia.de) geschaltet werden.

REISEVORBEREITUNG

Flugbuchung

Mit der Flugbuchung sollte gewartet werden, bis das Visum erteilt wurde. In der Zwischenzeit kann man sich Gedanken über Abflugdatum, Ankunftsort und Aufenthaltsdauer machen. Da die Kosten des Fluges in den meisten Work & Travel Paketen enthalten sind, ist die Wahl einer bestimmten Flugroute oder Fluggesellschaft nicht immer möglich. Wer die Reise nach Neuseeland jedoch selbst organisiert und daher auch den Flug selbst bucht, kann Fluggesellschaft, Abflugsort, Ankunftsort und Stopover selbst wählen. Worauf bei der Flugbuchung geachtet werden muss, wird auf den nächsten Seiten genauer erklärt.

Ankunftsort

Die internationalen Flughäfen Auckland, Christchurch, Wellington und Queenstown werden von verschiedenen Fluggesellschaften angeflogen. Auckland ist jedoch der populärste Ankunftsort. Die meisten Backpacker buchen einen Flug in diese Stadt. Der Ankunftsort ist abhängig von der geplanten Reisezeit, Reiseroute und Aufenthaltsdauer. Man sollte sich daher schon im Vorfeld überlegen, wie man die Zeit in Neuseeland verbringen möchte.

Abflugort

Der Abflugort ist abhängig von der Fluggesellschaft und dem Ankunftsort in Neuseeland. Die meisten Fluggesellschaften fliegen ab Frankfurt/Main oder München nach Neuseeland. Wer nicht in der Nähe von Frankfurt oder München oder eines anderen Flughafens wohnt, kann die günstigen Zubringertarife (Rail & Fly) nutzen, die viele Fluggesellschaften anbieten. Mit Rail & Fly können Reisende kostenlos oder zu vergünstigten Tarifen von jedem Bahnhof der Deutschen Bahn direkt zum/vom Flughafen reisen. Das Rail & Fly Angebot kann nur zusammen mit einem Flug bei der Fluggesellschaft oder dem Reiseveranstalter gebucht werden. Eine Buchung bei der Deutschen Bahn ist nicht möglich.

Gültigkeitsdauer

Flugtickets sind normalerweise ein, drei, sechs oder zwölf Monate gültig. Air New Zealand, United Airlines und Ethiad Airways sind die einzigen Fluggesellschaften, die manchmal Tickets mit einer Gültigkeitsdauer von 18 Monaten anbieten. Man sollte sich jedoch nicht darauf verlassen, solch ein Ticket zu finden. Wer länger als zwölf Monate reisen möchte, hat deshalb nur folgende Optionen:

Option 1:

Gekauft wird ein Rückflugticket mit einer Gültigkeitsdauer von zwölf Monaten. Ändern sich die Pläne, kann das Rückflugticket innerhalb der zwölf Monate genutzt werden. Ein vorhandenes Rückflugticket erleichtert zudem die Einreise, da nicht nachgewiesen werden muss, ob genügend finanzielle Mittel für den Rückflug vorhanden sind. Möchte man am Ende der Reise doch länger als zwölf Monate in Neuseeland bleiben, storniert man den Rückflug und kauft zu einem späteren Zeitpunkt ein neues Ticket von Neuseeland nach Deutschland.

Option 2:

Gekauft wird ein Ticket für den Hinflug nach Neuseeland. Je nach Gültigkeitsdauer und Route der Fluggesellschaft kann auf dem Weg nach Neuseeland eventuell ein Zwischenstopp gemacht werden. Kauft man z. B. ein Ticket über Bangkok mit einer Gültigkeit von sechs Monaten, kann man auf dem Weg nach Neuseeland noch für ein paar Wochen oder Monate Asien entdecken.

Möchte man Neuseeland verlassen und zurück nach Deutschland kommen, wird ein Einzelflug von Neuseeland nach Deutschland gebucht. Auch hier gilt: Wer nicht sofort zurück nach Deutschland fliegen möchte, kann ein Ticket kaufen, das einen Stopover erlaubt, und auf dem Heimweg, z. B. in Hongkong, einen Zwischenstopp machen.

Wichtig: Ein einfaches Ticket (one way ticket) kann teurer sein, als ein Hin- und Rückflugticket (return ticket). Dies ist meistens der Fall, wenn man die günstigen Jugend- und Studententarife der Fluggesellschaften nicht mehr nutzen kann.

Jugendliche bis 26 Jahre und Studenten können spezielle Jugend- und Studententarife der Fluggesellschaften nutzen. Diese sind oft günstiger und flexibler als Tarife für Erwachsene. Erhältlich sind sie über STA Travel (www.statravel.de).

Flexibilität

Ob ein Flug umbuchbar ist oder nicht, hängt von der Fluggesellschaft und dem gebuchten Tarif ab. Generell gilt: Das Abflugdatum des ersten Fluges kann nicht ohne erhebliche Kosten geändert werden. Änderungen der Flugdaten nach Abreise sind in der Regel problemlos möglich. Das Ticket kann vor Ort direkt bei der Fluggesellschaft gegen eine Gebühr umgebucht werden. Die Höhe der Umbuchungsgebühr hängt vom gebuchten Tarif ab. Umbuchungen sollten so früh wie möglich gemacht werden, um einen Sitzplatz zum gewünschten Termin zu bekommen. Änderungen der Reiseroute sind nicht immer möglich und können mit hohen Kosten verbunden sein. Um Überraschungen zu vermeiden, sollten vor der Flugbuchung die jeweiligen Tarifbestimmungen genau gelesen werden.

Stopover

Viele Fluggesellschaften bieten ihren Passagieren kostenlose oder günstige Zwischenstopps an. Welche Stopover angeboten werden, hängt von der Fluggesellschaft ab. Im Normalfall ist der Stopover im Heimatland der Fluggesellschaft möglich, welches auf dem Weg nach Neuseeland angeflogen wird. So fliegt die thailändische Fluggesellschaft Thai Airways zuerst nach Bangkok und von dort weiter nach Neuseeland.

Ein Flug nach Neuseeland dauert etwa 26 Stunden. Da es noch keine Direktflüge von Europa nach Neuseeland gibt, bietet es sich an, auf dem Hin- und/oder Rückweg einen Zwischenstopp in Asien, Afrika oder Amerika einzulegen. Besonders beliebt für einen Zwischenstopp sind die Städte Singapur, Bangkok, Hongkong, Seoul und Dubai. Ein Zwischenstopp in Europa ist in der Regel nicht möglich, da der Flug innerhalb Europas als Zubringerflug zum eigentlichen Abflugort, z. B. London, zählt.

Wie lange der Stopover dauern darf, hängt von der Fluggesellschaft und dem gebuchten Tarif ab. Normalerweise gibt es keine Beschränkungen für die Dauer des Zwischenstopps, die Gesamtgültigkeit des Flugtickets darf jedoch nicht überschritten werden.

Die folgenden Fluggesellschaften fliegen ab Deutschland (Flughafen Frankfurt/Main bzw. München) nach Neuseeland:

Air New Zealand
über Hongkong nach Auckland
über London und Los Angeles nach Auckland
über London, Los Angeles und Rarotonga nach Auckland
Anschlussflüge nach Christchurch, Wellington und viele andere Orte sind ab Auckland möglich.

Cathay Pacific Airways
über Hongkong nach Auckland

China Airlines
über Taipei und Brisbane nach Auckland
über Taipei und Sydney nach Auckland

Emirates
über Dubai und Brisbane nach Auckland
über Dubai und Sydney nach Auckland
über Dubai und Melbourne nach Auckland
über Dubai, Bangkok und Sydney nach Christchurch
über Dubai, Singapur und Brisbane nach Auckland
über Dubai, Bangkok und Sydney nach Auckland
über Dubai, Kuala Lumpur und Melbourne nach Auckland
über Dubai, Singapur und Melbourne nach Auckland

Etihad Airways
über Abu Dhabi, Singapur und Brisbane nach Auckland
über Abu Dhabi und Sydney nach Christchurch

Korean Air
über Seoul nach Auckland

LAN Airlines
über Santiago de Chile nach Auckland

Malaysia Airlines
über Kuala Lumpur nach Auckland

Qantas Airways
über Dubai und Sydney oder Melbourne nach Auckland, Christchurch, Wellington und Queenstown

Singapore Airlines
über Singapur nach Auckland oder Christchurch

Thai Airways International
über Bangkok nach Auckland

Durch Codeshare-Partnerschaften der Fluggesellschaften sind heutzutage außer den oben genannten Routen oft auch andere Flugrouten nach Neuseeland möglich.

Round the World Ticket (RTW Ticket)

Einige Arbeitsurlauber verbinden ihren Neuseelandaufenthalt mit mehreren Zwischenstopps in Asien, Afrika oder Amerika. Möglich wird dies mit einem Round the World Ticket. Diese Tickets werden immer beliebter, da man recht günstig einmal um die Welt reisen kann. Die günstigsten Round the World Tickets bekommt man bereits ab 1.500 EUR. Je extravaganter und länger die Reiseroute ist, desto teurer wird das Ticket. Wichtig: Round the World Tickets sind maximal zwölf Monate gültig. Eine Verlängerung des Tickets ist nicht möglich. Wer also die vollen zwölf Monate in Neuseeland bleiben möchte und davor oder danach andere Länder bereisen möchte, muss sich nach Alternativen erkundigen. Es besteht z. B. die Möglichkeit, den letzten Flug zurück nach Deutschland zu stornieren und ein Einzelticket zurück nach Deutschland zu buchen.

Angeboten werden Round the World Tickets von verschiedenen Fluggesellschafts-Allianzen. Zu den Wichtigsten gehören:

Star Alliance (www.staralliance.com)
One World (www.oneworld.com)
Sky Team (www.skyteam.com)
The Great Escapade (www.thegreatescapade.com)
Qantas/Emirates (www.qantas.com.au) / (www.emirates.com)

Gabelflug

Ein Gabelflug ermöglicht es, an einem Ort in Neuseeland zu landen und von einem anderen Ort wieder nach Hause zu fliegen. Sinnvoll ist solch ein Ticket, wenn die Nord- und Südinsel bereist werden sollen und man sich am Ende der Reise die Rückfahrt zum Anfangsort sparen möchte. Wer also in Auckland landen, mit dem Auto oder dem Bus nach Christchurch fahren und von dort zurück nach Deutschland fliegen möchte, ohne wieder zurück nach Auckland zu müssen, kann einen Gabelflug buchen. Da Gabelflüge nach Neuseeland nur mit einigen Fluggesellschaften möglich sind, gilt es zu überlegen, ob sich die eventuell höheren Kosten für den Gabelflug lohnen.

Flugkosten

Die Kosten für einen Flug nach Neuseeland können stark variieren. Je nach Anbieter und Saison kann ein Hin- und Rückflugticket zwischen 1.000 bis 1.500 EUR und ein einfaches Hinflugticket zwischen 700 bis 1.000 EUR kosten. Ein Round the World Ticket bekommt man bereits ab 1.400 EUR für eine einfache Reiseroute. 2.000 bis 3.000 EUR sollte man für ein Ticket mit vielen Zwischenstopps auf verschiedenen Kontinenten einplanen. Generell gilt: Je eher man bucht, desto günstiger ist der Flug. Preise variieren je nach Saison.

Die günstigsten Tickets bekommt man für einen Flug im Frühling. Tickets für Flüge über Ostern, in der Weihnachtszeit oder in den Sommerferien sind am teuersten.

Jahrestickets können manchmal teurer sein als drei oder sechs Monatstickets. Wer noch nicht weiß, wie lang der Neuseelandaufenthalt sein soll, ist mit einem Jahresticket gut beraten, auch wenn die Reise erst einmal nur sechs Monate dauern soll. Ändern sich die Pläne und man entscheidet sich doch länger zu bleiben, kann das Rückflugdatum gegen eine Gebühr, manchmal auch kostenlos, bei der Fluggesellschaft geändert werden.

Flüge können maximal elf Monate im Voraus gebucht werden. Wer ein günstiges Ticket bekommen will, sollte mindestens fünf bis acht Monate vor Abreise buchen. Last Minute Schnäppchen gibt es nicht. Wer darauf spekuliert, kurz vor der Abreise ein günstiges Ticket zu finden, wird in den allermeisten Fällen enttäuscht werden.

Einige Reisebüros, wie STA Travel (www.statravel.de), haben spezielle Tarife für Jugendliche und Studenten. Günstige Tickets können auch auf Travel Overland (www.travel-overland.de), oder über eine Flugsuchmaschine, wie z. B. Swoodoo (www.swoodoo.com/de), gefunden werden.

Nachfolgend eine Übersicht, wie sich die Preise für Flüge das Jahr über entwickeln:

Monat	**Saison**
Januar	Hochsaison, ab Mitte Januar Zwischensaison
Februar	Zwischensaison
März	Zwischensaison
April	Zwischensaison, ab Mitte April Nebensaison
Mai	Nebensaison
Juni	Nebensaison, ab Mitte Juni Hochsaison
Juli	Hochsaison

Monat	Saison
August	Hochsaison, ab Mitte August Zwischensaison
September	Zwischensaison
Oktober	Zwischensaison
November	Zwischensaison
Dezember	Zwischensaison, ab Mitte Dezember Hochsaison

Nebensaison: günstigste Reisezeit. Zwischensaison: Preise sind etwas höher als in der Nebensaison, ca. 50 bis 150 EUR. Hochsaison: teuerste Reisezeit

Behördengänge

Agentur für Arbeit

Rechtzeitig vor der Abreise und noch vor der Kündigung des Arbeitsverhältnisses sollte man ein persönliches Gespräch mit einem Mitarbeiter der Bundesagentur für Arbeit (www.arbeitsagentur.de) führen, um sich über Leistungsansprüche während und nach dem Auslandsaufenthalt zu informieren.

Um nach der Rückkehr aus Neuseeland Anspruch auf Arbeitslosengeld zu haben, muss man sich bereits vor der Abreise arbeitslos melden. Dies gilt jedoch nur für diejenigen, die in den letzten zwei Jahren mindestens 360 Kalendertage gearbeitet haben. Wer noch nie gearbeitet hat, bekommt natürlich auch kein Arbeitslosengeld.

Voraussetzung für den Bezug von Arbeitslosengeld ist die persönliche Arbeitslosmeldung bei der Bundesagentur für Arbeit. Dies kann frühestens drei Monate vor Beginn der Arbeitslosigkeit erfolgen, muss aber spätestens am ersten Tag nach der Arbeitslosigkeit getan werden. Wer sich nicht vor der Abreise arbeitslos meldet, verliert seinen Anspruch auf Arbeitslosengeld.

Da man während des Auslandsaufenthaltes nicht arbeitssuchend ist, muss man sich für die Zeit der Abwesenheit bei der Agentur für

Arbeit zum Abreisedatum abmelden. Die Weiterzahlung von Leistungen zum Zweck der Jobsuche in Neuseeland ist nicht möglich, diese Regelung gilt nur für EU-Länder. Die Fortzahlung des Arbeitslosengeldes erfolgt erst nach der persönlichen Arbeitslosmeldung nach der Rückkehr nach Deutschland. Wurde der Antrag bewilligt, behält man den Anspruch auf Arbeitslosengeld für vier Jahre. Innerhalb dieser Zeit kann man sich erneut arbeitslos melden und den Rest des Arbeitslosengeldes beantragen. Ist diese Frist nach der Rückkehr abgelaufen und man ist erwerbsfähig und bedürftig, kann man Hartz IV beantragen.

Krankenkasse

Da die gesetzliche Krankenkasse nicht für Arztkosten im außereuropäischen Ausland aufkommt, kann die Mitgliedschaft bei der Krankenkasse vor der Abreise gekündigt werden. Nach der Rückkehr aus Neuseeland wird man wieder von der gesetzlichen Krankenkasse aufgenommen, bei der man zuletzt versichert war. Beiträge für den Zeitraum des Auslandsaufenthaltes fallen nicht an. Es wird jedoch empfohlen, eine Reisekrankenversicherung für die Zeit des Auslandsaufenthaltes abzuschließen.

Da in Deutschland Krankenversicherungspflicht besteht, muss jeder Bundesbürger entweder in der gesetzlichen oder privaten Krankenkasse versichert sein. Wird nach der Rückkehr nach Deutschland sofort angefangen zu arbeiten, werden die Versicherungsbeiträge direkt vom Arbeitgeber an die Krankenkasse abgeführt. Bekommt man Arbeitslosengeld, übernimmt die Bundesagentur für Arbeit die Kosten für die Krankenversicherung. Wer keinen Anspruch auf Arbeitslosengeld hat und auch nicht arbeitet, muss sich auf eigene Kosten versichern. Wer familienversichert und unter 23 Jahre alt ist, kann bei der Rückkehr nach Deutschland in die Familienversicherung zurückkehren. Diese Möglichkeit entfällt jedoch, wenn man während des Auslandsaufenthaltes 23 Jahre alt geworden ist.

Wer privat versichert ist, sollte sich bei seiner Krankenkasse erkundigen, ob ein Krankenversicherungsschutz für längere Auslandsaufenthalte besteht. Kann kein Versicherungsschutz für die Dauer der

Reise gewährleistet werden, ist es eventuell möglich eine Anwartschaftsversicherung abzuschließen, mit der die Wiederaufnahme zu den gleichen Konditionen zugesichert wird. Wer die private Krankenversicherung kündigt, hat nach der Rückkehr aus Neuseeland Anspruch darauf, von seiner letzten Krankenkasse wieder aufgenommen zu werden. Allerdings wird man durch den Neuabschluss der Versicherung entsprechend dem Eintrittsalter höher eingestuft.

Wer nach der Rückkehr nicht automatisch wieder in die letzte Krankenkasse aufgenommen werden kann, sollte sich noch vor der Abreise über eine Weiterversicherung informieren. Denn wer krank aus dem Ausland nach Deutschland zurückkehrt, wird von keiner Kasse aufgenommen werden.

Die persönliche Situation sollte unbedingt vor der Abreise mit der eigenen Krankenkasse besprochen werden, egal ob man gesetzlich oder privat versichert ist.

Abmelden

Gibt man seine Wohnung in Deutschland auf, um ins Ausland zu gehen, muss man sich laut deutschem Meldegesetz abmelden. Die zuständige Behörde ist das Einwohnermeldeamt der jeweiligen Gemeinde. Die Abmeldung ist normalerweise gebührenfrei. Wer sich nicht abmeldet und erwischt wird, muss mit einer Ordnungsstrafe rechnen.

In Deutschland werden die Meldegesetze von den jeweiligen Bundesländern erlassen und können somit von Bundesland zu Bundesland unterschiedlich ausgelegt sein.

Internationaler Führerschein

Wer in Neuseeland Auto fahren möchte, benötigt eine englische Übersetzung des gültigen deutschen Führerscheins oder einen internationalen Führerschein. Nach zwölf Monaten im Land muss ein neuseeländischer Führerschein beantragt werden.

Eine englische Übersetzung des Führerscheins erhält man über einen neuseeländischen Übersetzungsdienst oder die deutsche Auslandsvertretung.

Der internationale Führerschein kann bei der zuständigen Führerscheinstelle beantragt werden und ist drei Jahre gültig. Für die Beantragung werden der Personalausweis oder Reisepass, ein aktuelles Passfoto und der EU-Führerschein benötigt. Die Kosten für den internationalen Führerschein belaufen sich auf 15 EUR. Muss der alte Führerschein gegen einen neuen EU-Führerschein getauscht werden, fallen zusätzlich 24 EUR an. Sind alle notwendigen Unterlagen vorhanden, wird der internationale Führerschein sofort ausgestellt. Muss ein neuer EU-Führerschein beantragt werden, verlängert sich die Bearbeitungszeit auf ca. vier Wochen.

Visa

Wer auf dem Weg nach Neuseeland andere Länder bereisen möchte, sollte sich rechtzeitig über die Einreisebestimmungen der jeweiligen Länder informieren und eventuell benötigte Visa beantragen. Die aktuellen Einreisebestimmungen erhält man von der Botschaft oder dem Konsulat des jeweiligen Reiselandes. Eine Liste mit allen ausländischen Botschaften in Deutschland findet man auf der Webseite des Auswärtigen Amtes (www.auswaertiges-amt.de).

Abos

Um unnötige Mehrausgaben zu vermeiden, ist es sinnvoll rechtzeitig vor der Abreise nach Neuseeland alle Abos und Mitgliedschaften, wie z. B. für Zeitschriften, Fitnessstudio, Versicherungen oder Vereine, zu kündigen. Kündigungsfristen betragen in der Regel ein bis drei Monate. Man sollte sich also rechtzeitig in den Vertragsunterlagen über die Kündigungsfristen informieren und handeln.

Soll das Abo bzw. die Mitgliedschaft vor Ablauf der Mindestlaufzeit gekündigt werden, kann erwähnt werden, dass man ins Ausland geht. Viele Firmen sehen einen Umzug ins Ausland als außerordentlichen Kündigungsgrund an und ermöglichen die vorzeitige Beendigung des Vertrages. Ist eine Kündigung nicht sinnvoll, kann der Vertrag für den Zeitraum des Auslandsaufenthaltes eventuell unterbrochen werden.

Rundfunkbeitrag

Der Rundfunkbeitrag (www.rundfunkbeitrag.de) muss auch während des Auslandsaufenthaltes gezahlt werden. Eine Abmeldung ist nur möglich, wenn keine Empfangsgeräte wie Radio, Fernseher oder Internet-PC in der Wohnung vorhanden sind. Eine Befreiung wird nur auf gesonderten Antrag gewährt.

Telefon/Internet

Wer seine Wohnung kündigt, muss auch den Telefonanschluss und einen eventuell vorhandenen DSL-Anschluss abmelden. Wird die Wohnung während des Auslandsaufenthaltes untervermietet, ist eine Abmeldung nicht nötig, da der Untermieter die Kosten für den Anschluss während dieser Zeit übernehmen kann.

Handyvertrag

Das Handy kann in Neuseeland ohne Probleme genutzt werden. Aufgrund der hohen Kosten sollten Telefonate jedoch nicht über den heimischen Anbieter geführt werden. Auch hier gilt: Um Kosten zu sparen, sollte man den Vertrag rechtzeitig kündigen. Ist dies nicht möglich, da die Mindestlaufzeit noch nicht abgelaufen ist, kann man nur auf Kulanz des Anbieters hoffen. Viele Mobilfunkanbieter stimmen einer vorzeitigen Kündigung des Handyvertrages aber zu, wenn man für längere Zeit ins Ausland geht. Auch einer Vertragsübernahme stimmen einige Mobilfunkanbieter zu. Je nach Anbieter wird dafür eine Gebühr von 10 bis 30 EUR fällig. Die dafür benötigten Formulare sind über die Mobilfunkanbieter erhältlich.

Post

Die Post kann während des Auslandsaufenthaltes an eine Kontaktperson umgeleitet werden. Der Nachsendeservice der Deutschen

Post (www.efiliale.de) kostet für sechs Monate 15,20 EUR und für zwölf Monate 25,20 EUR. Eine Verlängerung um sechs Monate ist vier Wochen vor Ablauf des Nachsendeauftrags online möglich.

Bank

Wer noch keinen Onlinezugang zu seinem Bankkonto hat, sollte diesen rechtzeitig vor der Abreise beantragen und sich damit vertraut machen. Durch Onlinebanking können fast alle Bankgeschäfte auch in Neuseeland geregelt werden. Mit ein paar Klicks kann der Kontostand geprüft oder Geld überwiesen werden. Da öffentliche Computer in Hostels und Internetcafés mit Schadsoftware und Viren verseucht sein können, empfiehlt es sich, Onlinebanking an solchen Computern nur wenn nötig zu machen und auf eine verschlüsselte Datenübertragung zu achten. Diese ist erkennbar an dem kleinen Schlosssymbol in der unteren Statusleiste des Browsers sowie der Adresszeile, die https:// statt http:// anzeigt. Nachdem die Bankgeschäfte erledigt wurden, sollten Cookies, Browserverlauf und temporäre Dateien gelöscht werden.

Auto/Motorrad

Wer die Reisekasse aufbessern will, kann vor der Abreise sein Auto oder Motorrad verkaufen. Allerdings gilt zu bedenken, dass der Kauf eines vergleichbaren Fahrzeuges nach der Rückkehr wahrscheinlich teurer sein wird. Eine Alternative ist eine Ruheversicherung, die für maximal 18 Monate abgeschlossen werden kann. Das Fahrzeug wird stillgelegt und die Beitragszahlung eingestellt. Das Auto bzw. Motorrad darf während dieser Zeit nicht mehr bewegt werden, ist allerdings vor äußeren Einflüssen, z. B. Feuer in der Garage oder Diebstahl, geschützt und versichert. War das Fahrzeug zuvor Voll- oder Teilkasko versichert, besteht für maximal 18 Monate ab Stilllegung zumindest ein Teilkaskoversicherungsschutz.

Wohnung

Wer eine Wohnung hat, muss überlegen, ob diese für den Auslandsaufenthalt aufgegeben oder untervermietet werden soll. Wird die Wohnung gekündigt, müssen während der Reise keine Miete und sonstige Betriebskosten gezahlt werden. Allerdings muss eine Lösung für den Verbleib der Möbel und anderen persönlichen Gegenständen gefunden werden. Idealerweise wird alles, was nicht mehr benötigt wird, verkauft. Dadurch kommt gleich noch etwas Geld in die Reisekasse. In fast jedem Haushalt gibt es Dinge, die nicht mehr benötigt werden, diese Gegenstände können auf dem Flohmarkt oder bei eBay verkauft werden. Der Rest kann bei Verwandten oder Freunden untergestellt werden. Wer nicht das Glück hat, seine Habseligkeiten kostenfrei lagern zu können, kann diese auch in Lagerhäusern gegen ein monatliches Entgelt einlagern. In fast allen großen Städten Deutschlands gibt es Lagerhäuser, die Räume zu günstigen Preisen vermieten, wie z. B. SECUR Selfstorage (www.secur.de), MyPlace (www.myplace.de) oder Lagerbox (www.lagerbox.com). Dort kann das Hab und Gut während der Neuseelandreise trocken und sicher gelagert werden. Nach der Rückkehr muss man sich dann zwar eine neue Bleibe suchen, allerdings kann man die Zeit in Neuseeland sorgenfrei verbringen, da durch eine nichtvorhandene Wohnung auch keine Probleme auftreten können. Anders ist das, wenn die Wohnung während des Neuseelandaufenthaltes untervermietet wird. Hier ist es wichtig, dass ein verlässlicher Zwischenmieter gefunden wird und der Vermieter einer Untervermietung zustimmt. Ist das der Fall, muss die Wohnung nicht gekündigt werden, man erspart sich den Stress des Auszuges und der Suche einer neuen Bleibe nach der Rückkehr. Auf verschieden Internetportalen, wie z. B. Zwischenmiete (www.zwischenmiete.de), Studenten-WG (www.studenten-wg.de) oder WG-gesucht (www.wg-gesucht.de) können kostenlose Anzeigen zur Suche eines Zwischenmieters geschaltet werden. Auch an Schwarzen Brettern oder im Freundeskreis kann man fündig werden. Ist ein geeigneter Zwischenmieter gefunden, gilt es, alle Vereinbarungen schriftlich festzuhalten.

Dokumente

Alle wichtigen Dokumente, wie Reisepass, Visum, Flugticket, Führerschein, Impfpass, Nothilfepass, Versicherungspolicen, Buchungsbestätigungen von Hostels oder Tourunternehmen usw. sollten vor der

Abreise kopiert werden, denn im Falle eines Verlustes, erleichtern Kopien die Beschaffung von Ersatzpapieren. Ein Satz der Kopien kommt, getrennt von den Originalen, ins Reisegepäck. Ein zweiter Satz bleibt bei einer zuverlässigen Kontaktperson. Außerdem ist es sinnvoll, alle Kopien einzuscannen und im eigenen E-Mail-Postfach zu hinterlegen. Dazu werden die Kopien einfach in Form eines Anhangs per E-Mail an die eigene E-Mail-Adresse geschickt. Zusätzlich können auch Bewerbungsunterlagen, Zeugnisse und Referenzen im E-Mail-Postfach abgespeichert werden. Wird für eine Bewerbung eine Kopie des Lebenslaufes benötigt, muss nicht im Rucksack nach einer Kopie gesucht werden, sondern kann diese schnell in einem Internetcafé ausgedruckt werden. Geheime Angaben, wie PIN- oder TAN-Nummern fürs Onlinebanking, sollten jedoch nicht im Postfach gespeichert werden, da auch E-Mail-Postfächer geknackt werden und so wichtige Informationen an unrechtmäßige Personen gelangen können.

Kontaktperson

Wichtig für einen langen Auslandsaufenthalt ist eine vertrauenswürdige Kontaktperson, die während der Abwesenheit die Post durchsieht, eventuell notwendige Behördengänge erledigt und im Notfall Hilfe organisiert. Sie sollte während der gesamten Reise erreichbar sein und im Notfall schnell handeln können. Die Kontaktperson erhält Zugriff auf alle wichtigen Dokumente und Unterlagen, die in einer Mappe abgelegt werden. Diese kann folgende Angaben und Unterlagen enthalten:

- ☐ Reiseroute mit grobem Zeitplan
- ☐ E-Mail-Adresse, Telefonnummern, Adressen unterwegs
- ☐ Namen, Adressen, Telefonnummern und E-Mail-Adressen von Familie, Freunden und evtl. Nachbarn
- ☐ Kopien aller mitgenommen Dokumente (Reisepass, Tickets, Versicherungsunterlagen, usw.)
- ☐ Adressliste mit Telefonnummern von Post, Bank, Ämtern
- ☐ Liste mit Angabe von Reiseschecknummern
- ☐ Liste mit Angabe von Kreditkartennummern und Gültigkeitsdatum

- ☐ Liste mit Angabe aller Bankverbindungen
- ☐ Anweisungen zur Geldüberweisung ins Ausland
- ☐ Verfahren bei Verlust von Dokumenten bzw. Geld
- ☐ Vollmachten für Post, Bank und andere Ämter
- ☐ Eventuell Blankounterschriften
- ☐ Patientenverfügung
- ☐ Testament
- ☐ Schlüssel für Wohnung, Briefkasten, Auto, usw.

Je nach individueller Situation kann die Mappe mit weiteren Informationen und Angaben ergänzt werden.

Gesundheit

Die Informationen in diesem Buch ersetzen nicht das Gespräch mit dem Hausarzt. Vor allem Menschen mit bestehenden bzw. chronischen Krankheiten und Allergien, sollten sich unbedingt vor Reiseantritt medizinisch beraten lassen. Allgemeine Informationen zum Thema Reise- und Tropenmedizin sind auf Fit for Travel (www.fit-for-travel.de) erhältlich. Nachfolgend ein Überblick, welche Vorbereitungen für die persönliche Gesundheit getroffen werden können.

Gesundheitscheck

Rechtzeitig vor der Abreise sollte man sich noch einmal gründlich vom Hausarzt untersuchen lassen, sodass eventuelle Behandlungen noch vor Reiseantritt abgeschlossen werden können. Dazu zählen auch anstehende Vorsorgeuntersuchungen, z. B. beim Zahnarzt, Augenarzt oder Frauenarzt.

Reisende mit chronischen Krankheiten sollten sich von ihrem behandelnden Arzt einen internationalen Notfallausweis ausstellen lassen. Dieser Ausweis kann in medizinischen Notfällen die Kommunikation mit den behandelnden Ärzten im Ausland erleichtern, da er alle diagnostischen und therapeutischen Daten des Patienten enthält. Zusätzlich sollten chronisch kranke Patienten und Allergiker ausreichend Medikamente für die Dauer der Reise mitnehmen.

Medikamente

Verschreibungspflichtige Medikamente, wie die Pille, dürfen nach Neuseeland eingeführt werden. Für Medikamente, die regelmäßig eingenommen werden müssen, empfiehlt sich die Mitnahme von genügend Medikamenten für die Dauer des Aufenthaltes. Bei größeren Mengen wird die Mitnahme eines Medikamentenausweises vom behandelnden Arzt in englischer Sprache, mit Stempel und Unterschrift empfohlen.

Impfungen

Für die Einreise nach Neuseeland sind keine Impfungen vorgeschrieben, dennoch ist ein längerer Auslandsaufenthalt eine gute Gelegenheit den eigenen Impfstatus zu überprüfen und Standardimpfungen gegebenenfalls aufzufrischen.

Wird auf dem Weg nach Neuseeland ein Zwischenstopp gemacht, werden je nach Reiseland eventuell verschiedene Impfungen benötigt. Darüber kann man sich etwa drei bis vier Monate vor der Abreise beim Hausarzt oder Tropeninstitut informieren.

Mit dem Impfprogramm sollte mindestens zwei Monate vor Abreise begonnen werden, da einige Impfungen über mehrere Wochen gegeben werden müssen. Alle Impfungen sollten im internationalen Impfausweis eingetragen werden, um bestimmte Impfungen gegebenenfalls nachweisen zu können.

Reiseapotheke

Eine kleine Reiseapotheke gehört in jeden Rucksack. Obwohl man sich auch in Neuseeland mit den üblichen Medikamenten in Apotheke, Drogerie oder sogar im Supermarkt eindecken kann, sollten die wichtigsten Medikamente noch vor Reisebeginn besorgt werden, um für eventuelle Notfälle gerüstet zu sein. Fertig gepackte Erste-Hilfe-Sets sind nicht nötig. Sie sind oft teuer und nicht alles davon wird benötigt. Günstiger ist es, die benötigten Medikamente selbst in der Apotheke zu kaufen und in eine kleine Tasche zu packen. Die Grundausstattung sollte Medikamente gegen Kopfschmerzen, Fieber- und Schmerzzustände, Übelkeit und Durchfall, Pflaster, Verband und Sterilflüssigkeit enthalten und auf die individuellen Bedürfnisse angepasst werden.

Sonnenschutz

Durch das Ozonloch ist die UV-Strahlung der Sonne in Neuseeland deutlich intensiver als in Europa. Selbst wenn es wolkig ist, kann man sich sehr leicht einen Sonnenbrand holen. Deshalb ist es wichtig, während des Neuseelandaufenthaltes Sonnencreme zu verwenden. In Neuseeland sind spezielle hochwirksame Sonnenschutzmittel mit einem hohen Lichtschutzfaktor überall erhältlich und teilweise günstiger als in Deutschland. Außerdem empfiehlt es sich einen Hut mit breiter Krempe und eine gute Sonnenbrille zu tragen, sowie die Sonne um die Mittagszeit möglichst zu meiden. Sonnencreme, Sonnenhut und Sonnenbrille können günstig vor Ort gekauft werden. Dies sollte jedoch möglichst schnell nach Ankunft erledigt werden.

Versicherung

Da bei einem längeren Auslandsaufenthalt die Wahrscheinlichkeit höher ist, dass etwas Unvorhersehbares (z. B. Krankheit, Diebstahl oder Unfall) passiert, wird der Abschluss einer Reiseversicherung unbedingt empfohlen.

Preise und Leistungen von Versicherungsanbietern können stark variieren. Bevor man sich für eine Versicherung entscheidet, sollte überlegt werden, welche Absicherungen tatsächlich benötigt werden. Es ist nicht nötig, sich gegen jede mögliche Eventualität zu versichern. Außerdem sollten die Leistungen der einzelnen Anbieter genau miteinander verglichen werden. Nicht immer ist die günstigste Versicherung ausreichend für die eigenen Ansprüche. Vielmehr sollte darauf geachtet werden, dass die Versicherung den persönlichen Anforderungen gerecht wird.

Mehr und mehr Versicherungsgesellschaften bieten Komplettpakete an, die speziell auf die Bedürfnisse von Backpackern zugeschnitten sind und neben Krankenversicherung auch Unfall-, Haftpflicht-, Reisegepäckversicherung u.ä. enthalten. Solche Pakete sind ideal für alle Reisenden, die einen Rundumschutz möchten. Allerdings sollten Komplettpakete vor Vertragsabschluss genau geprüft werden. Oft sind diese Pakete entweder nicht ausreichend, wenn z. B. Extremsportarten nicht im Versicherungspreis enthalten sind oder nicht nötig, da Versicherungen (z. B. Haftpflicht) bereits vorhanden sind. Bestehen private Zusatzversicherungen bereits, muss unbedingt abgeklärt werden, ob die Leistungen auch für die Dauer des Auslandaufenthalts in dem jeweiligen Land gelten.

Wichtig: Eine Versicherung muss grundsätzlich vor der Abreise abgeschlossen werden. Ein Vertragsabschluss nach Beginn des Auslandaufenthaltes ist nicht möglich.

Im folgenden Abschnitt werden die wichtigsten Reiseversicherungen vorgestellt.

Krankenversicherung

Arbeitsurlauber müssen bei der Einreise nach Neuseeland über eine Krankenversicherung für die Dauer ihres Aufenthaltes verfügen. Einen entsprechenden Nachweis sollte man bei der Einreise zur Hand haben, da es zu Stichproben kommen kann.

Da der gesetzliche Krankenversicherungsschutz nicht im außereuropäischen Ausland gilt, ist der Abschluss einer privaten Reisekrankenversicherung für gesetzlich Versicherte unverzichtbar. Privat Versicherte sollten die Leistungen ihrer Versicherung genau prüfen. Die privaten Krankenkassen übernehmen zwar in der Regel die Behandlungskosten im Ausland, aber der Versicherungsschutz gilt oft nur für einen bestimmten Zeitraum und beinhaltet meist nicht den medizinischen Rücktransport. Auch für privat Versicherte kann sich deshalb der Abschluss einer Reisekrankenversicherung lohnen.

Die Basisleistungen der Versicherungsgesellschaften sind meist ähnlich. Die Versicherung übernimmt die Kosten ambulanter und stationärer Behandlungen sowie einen medizinisch notwendigen Rücktransport. Versichert sind alle notwendigen Akutbehandlungen von einer Grippe bis hin zum Koma. Bereits vorhandene Krankheiten sind nicht versichert. Unterschiede gibt es bei der Arztwahl. Viele Versicherer bestehen darauf, dass sich der Versicherte von bestimmten Ärzten bzw. in bestimmten Krankenhäusern behandeln lässt, andere bieten eine freie Arztwahl an.

Bei den meisten Versicherungen müssen die Kosten für Arztbesuche und Medikamente vor Ort zunächst selbst gezahlt werden. Das Geld wird aber nach Einreichung der Originalbelege von der Versicherung zurückerstattet. Bei besonders hohen Kosten rechnen viele Versicherer die Kosten direkt mit dem Arzt oder Krankenhaus ab, sodass nicht in Vorleistung gegangen werden muss.

Die Kosten für eine Reisekrankenversicherung können je nach Leistung und Anbieter stark variieren. Eine gute Krankenversicherung für zwölf Monate kostet zwischen 600 und 1.000 EUR. Auf den ersten Blick ist das viel Geld. Auf ein Jahr gerechnet, bezahlt man pro Tag jedoch nur etwa 2 EUR. Nicht viel, wenn man bedenkt, dass im Extremfall durch eine schwere Erkrankung Kosten in Millionenhöhe entstehen können.

Gute Versicherungsbedingungen und günstige Preise findet man u.a. bei folgenden Anbietern:

HanseMerkur (www.hansemerkur.de)
Barmenia (www.barmenia.de)
Envivas (www.envivas.de)
Deutscher Ring (www.deutscherring.de)
ERGO (www.ergo.de)

Haftpflichtversicherung

Schädigt man einen anderen Menschen oder dessen Eigentum, ist man verpflichtet, diesen Schaden zu ersetzen. Im schlimmsten Fall kann dieser Hunderttausende Euro kosten. Sofern nicht vorsätzlich gehandelt wurde, kommt in diesem Fall die private Haftpflichtversicherung für die Kosten auf.

Ist bereits eine private Haftpflichtversicherung vorhanden, kann geprüft werden, ob auch im Ausland Versicherungsschutz besteht. Da dies in den meisten Fällen zutrifft, muss keine zusätzliche Reisehaftpflichtversicherung abgeschlossen werden. Besteht kein Versicherungsschutz für das Ausland oder ist keine private Haftpflichtversicherung vorhanden, sollte unbedingt eine Haftpflichtversicherung abgeschlossen werden.

Rücktrittversicherung

Wird die Reise storniert, fallen oft hohe Stornogebühren an. Die Reiserücktrittskostenversicherung übernimmt diese Stornogebühren, wenn die Reise aus wichtigen Gründen nicht angetreten werden kann. In der Regel ist eine unerwartet schwere Krankheit des Reisenden oder eines nahen Verwandten, eine Impfunverträglichkeit, ein Einbruch oder ein Brand in der Wohnung ein anerkannter Grund für die Stornierung der Reise.

Eine Rücktrittsversicherung wird nicht zwingend benötigt, ist aber sinnvoll, wenn lange im Voraus gebucht wird oder die Kosten der Reise (z. B. Flüge oder Tourbuchungen) sehr hoch sind. Da die Rücktrittsversicherung oft nicht billig ist, empfiehlt es sich, die Kosten der Versicherung mit den eventuell anfallenden Stornogebühren zu vergleichen, um eine Entscheidung für den Abschluss einer Rücktrittsversicherung zu treffen.

Abbruchversicherung

Muss der Auslandsaufenthalt aus einem wichtigen Grund abgebrochen werden, übernimmt die Reiseabbruchversicherung die Kosten für zusätzliche Reisekosten oder nicht genutzte Reiseleistungen. Die Gründe für einen Reiseabbruch können ein Unfall, eine schwere Erkrankung oder Tod eines nahen Angehörigen sein.

Eine Reiseabbruchversicherung kann ohne eine Reiserücktrittsversicherung abgeschlossen werden, wird aber meist zusammen mit einer Reiserücktrittsversicherung angeboten.

Auf langen Reisen kann eine Reiseabbruchversicherung durchaus sinnvoll sein. Auch hier sollten die Kosten der Versicherung mit den eventuell anfallenden Stornogebühren oder zusätzlichen Reisekosten verglichen werden, um eine Entscheidung für den Abschluss einer Abbruchversicherung zu treffen.

Gepäckversicherung

Die Reisegepäckversicherung übernimmt die Kosten, wenn Gepäck beschädigt oder gestohlen wird. Je nach Versicherungsgesellschaft gelten unterschiedliche Höchstgrenzen. Technische Ausrüstungsgegenstände, wie Digital- oder Videokameras, sind häufig nicht eingeschlossen und müssen separat versichert werden.

Im Versicherungsfall müssen die Original-Kaufbelege der gestohlenen Gegenstände vorgelegt werden. Zudem muss nachgewiesen werden, dass das Gepäck nicht aus den Augen gelassen wurde, was praktisch unmöglich ist. Eine Auszahlung im Schadensfall wird von den Versicherungen daher fast immer abgelehnt.

Da die Reisegepäckversicherung oft teuer ist, lohnt sich der Abschluss dieser Versicherung in der Regel nicht. Oft deckt eine Hausratsversicherung Raub und Einbruchdiebstahl in verschlossenen Räumen auch im Ausland ab, die Vertragsbedingungen sollten jedoch vor Reiseantritt genau überprüft werden.

Unfallversicherung

Wird man durch einen Unfall während des Auslandsaufenthaltes dauerhaft geschädigt, zahlt die Unfallversicherung eine Entschädigung nach dem Grad der Beeinträchtigung. Die Behandlungskosten werden in der Regel von der Reisekrankenversicherung übernommen und nicht von der Unfallversicherung.

Eine Unfallversicherung ist sinnvoll, wenn während der Reise Extremsportarten wie Surfen, Reiten oder Tauchen ausgeübt werden. Wer bereits eine private Unfallversicherung hat, ist normalerweise gegen Unfälle im In- und Ausland abgesichert. Der Abschluss einer zusätzlichen Reiseunfallversicherung ist dann nicht mehr nötig. Allerdings sollte man sich bei einer bestehenden Unfallversicherung darüber informieren, ob der Versicherungsschutz auch im Ausland gewährleistet ist und welche Aktivitäten versichert sind. Wer nicht privat unfallversichert ist, sollte den Abschluss einer Reiseunfallversicherung in Erwägung ziehen, wenn sportliche Aktivitäten in Neuseeland geplant sind.

Komplettpakete

Von vielen Versicherungsgesellschaften werden Reiseversicherungen auch als Komplettpakete angeboten, die alle Eventualitäten einer Reise absichern: Storno, Abbruch, Krankheit, Unfall und Gepäckverlust. Der Abschluss solch eines Komplettpaketes mit Rundumschutz klingt verlockend. Oft werden jedoch nicht alle Versicherungen benötigt.

Unentbehrlich ist eine Reisekrankenversicherung, da die gesetzlichen Krankenkassen im Ausland keine und die privaten Krankenkassen nur einen Teil der Behandlungskosten übernehmen. Eine Reiserücktrittsversicherung ist nur dann sinnvoll, wenn die Kosten einer Reise sehr hoch sind und im Falle einer Stornierung der Reise von der Reiserücktrittsversicherung übernommen werden. Haftpflicht- und Unfallversicherung werden oft nicht benötigt, da die meisten Reisenden bereits eine private Haftpflicht- sowie eine Unfallversicherung haben. Die Haftpflichtversicherung deckt in der Regel auch im Ausland verursachte Schäden ab. Die Unfallversicherung bietet normalerweise ebenfalls Schutz im Ausland. Überflüssig ist eine Reisegepäckversicherung. Um im Schadensfall Geld erstattet zu bekommen, muss das Gepäck ständig beobachtet werden, was praktisch unmöglich ist. Viele Versicherer haben zudem zahlreiche Ausschlussklauseln, die nur im Kleingedruckten zu finden sind. Im Schadensfall wird die Zahlung deshalb oft aufgrund einer dieser Ausschlussklauseln abgelehnt. Vor dem Abschluss einer Gepäckversicherung sollte immer das Kleingedruckte gelesen werden. Oft deckt eine Hausratsversicherung Raub und Einbruchdiebstahl in verschlossenen Räumen auch im Ausland ab, die Vertragsbedingungen sollten jedoch vor Reiseantritt genau überprüft werden.

Komplettpakete lohnen sich in der Regel nur, wenn die Mehrzahl der angebotenen Versicherungen tatsächlich benötigt und die individuellen Leistungen den eigenen Anforderungen gerecht werden. Ist dies nicht der Fall, ist man mit dem Abschluss individueller Versicherungen besser beraten.

Anbieter mit guten Komplettpaketen und günstigen Preisen:

STA Travel (www.statravel.de)
isa Assekuranz (www.isa-office.de)
PROTRIP (www.protrip.de)

Letztlich gilt: Unversichert zu verreisen, birgt finanzielle Risiken. Eine Reisekrankenversicherung sollte daher immer abgeschlossen werden, schon deshalb, weil Arbeitsurlauber bei der Einreise nach Neuseeland über eine Krankenversicherung für die Dauer des Aufenthaltes verfügen müssen und dies bei der Einreise stichprobenartig geprüft wird. Wer sich die Kosten für eine Reisekrankenversicherung nicht leisten kann, kann sich erst recht nicht die Kosten für einen eventuellen Arztbesuch oder Krankenhausaufenthalt im Ausland leisten.

Zahlungsmittel

Maestro-Karte

Mit einer Maestro-Karte (ehemals EC-Karte) kann auch in Neuseeland an fast allen Bankautomaten (Automatic Teller Machines – ATM) Geld abgehoben werden. Das Geld wird direkt vom Girokonto abgebucht und in der Landeswährung ausgezahlt. Bei jeder Abhebung fallen Gebühren an, die je nach abgehobenem Geldbetrag und jeweiliger Bank unterschiedlich hoch sind. Sinnvoll ist es, sich noch in Deutschland über die Gebühren zu informieren, um böse Überraschungen zu vermeiden. Das Abheben mit einer Karte der Deutschen Bank (www.deutsche-bank.de) an einem Bankautomaten der Westpac Bank (www.westpac.com.nz) ist übrigens kostenlos.

Kreditkarte

Für Buchungen von Flügen, Hostels oder Abenteuertouren im Internet wird häufig eine Kreditkarte benötigt. Deshalb ist es ratsam, sich rechtzeitig vor der Abreise eine Kreditkarte zu besorgen. Die Karte kann dann auch in Neuseeland genutzt werden. Kreditkarten gehören in Neuseeland zu den täglichen Zahlungsmitteln und werden fast überall akzeptiert. In Geschäften, Restaurants, selbst beim Tanken kann fast immer mit dem Plastikgeld bezahlt werden. Auch Geld am Automaten abheben ist mit einer Kreditkarte möglich, die Gebühren dafür sind jedoch meistens höher als bei Maestro-Karten. Zu den gängigsten Kreditkarten gehören Visa und MasterCard. Sie werden fast überall in Neuseeland akzeptiert. Zahlungen mit Kreditkarte sind schnell, bequem und vor allem sicher. Bei Verlust der Karte haftet der Karteninhaber mit maximal 50 EUR, wenn die Karte rechtzeitig gesperrt wurde.

Wer keine Kreditkarte bekommt, kann als Alternative eine Prepaid Kreditkarte beantragen. Prepaid-Karten werden im Voraus mit Geld aufgeladen. Sie sind vor allem nützlich für Buchungen über das Internet. Zum Geldabheben am Automaten eignen sie sich weniger, da zum Teil sehr hohe Gebühren anfallen können.

Reiseschecks

Reiseschecks gelten als besonders sicheres Zahlungsmittel auf Reisen. Die Schecks sind deshalb so sicher, weil jeder Scheck zweimal unterschrieben werden muss – erstmals beim Kauf, dann bei der Einlösung. Gestohlene oder verloren gegangene Schecks werden innerhalb von 24 Stunden ersetzt. Beim Kauf der Reiseschecks fallen Kosten in Höhe von ein bis zwei Prozent des Gesamtbetrages an. Die Kosten bei der Einlösung können variieren. Da man inzwischen an fast allen Bankautomaten in Neuseeland mit der Maestro-Karte Geld abheben kann, lohnt sich der Kauf von Reiseschecks kaum noch. Wer dennoch nicht auf Reiseschecks verzichten will, sollte beim Kauf eine Mischung aus kleinen und großen Schecks verlangen. Zu den bekanntesten Anbietern von Reiseschecks gehören Thomas Cook und American Express. Beide Anbieter haben ein großes Filialnetzwerk, sodass an fast jedem Ort der Welt Reiseschecks eingetauscht werden können.

Bargeld

Bargeld wird immer und überall akzeptiert. Da es schnell verloren gehen kann und kein Ersatz bei Verlust geboten wird, sollte jedoch nur ein kleiner Betrag von ca. 50 bis 100 EUR als Reserve mitgenommen werden. Bereits am Flughafen in Neuseeland kann mit einer Maestro-Karte am Geldautomaten neuseeländisches Geld abgehoben werden und damit die erste Fahrkarte bezahlt werden.

Die Mischung macht's

Um flexibel und sicher reisen zu können, gehört in jede Reisekasse eine Mischung aus verschiedenen Zahlungsmitteln. Für Backpacker ist eine Kombination von Maestro-Karte, Kreditkarte und Bargeld die beste Lösung. Sicherheitsbewusste Backpacker können die Reisekasse zusätzlich durch Reiseschecks ergänzen.

Gepäck

Was gehört in den Rucksack und wie wird er richtig gepackt? Dies sind wohl die häufigsten Fragen bei der Reisevorbereitung. Es ist zwar allgemein bekannt, dass nur das Nötigste eingepackt werden sollte, dennoch halten sich viele Reisende nicht daran. Während Männer meist wenig packen, tendieren Frauen dazu, mehr mitnehmen zu wollen, als sie eigentlich benötigen. Die Folge: Bereits beim Check-in wird man kräftig zur Kasse gebeten, da die Fluggesellschaften strenge Gewichtsgrenzen haben. In Neuseeland führt der schwere Rucksack zudem irgendwann zur Frustration. Wie viel Gepäck mitgenommen werden darf, was in den Rucksack gehört und was zu Hause bleiben kann, wird in diesem Abschnitt erläutert.

Freigepäck

Der Kaufpreis des Flugtickets enthält auch die kostenfreie Beförderung des Reisegepäcks im Frachtraum des Flugzeuges. Wie schwer das Reisegepäck sein darf, hängt von der Fluggesellschaft, der Buchungsklasse und dem Reiseziel ab. In der Regel beträgt die Freigepäckgrenze für aufgegebenes Gepäck 20 kg pro Person. Was schwerer ist, gilt als Übergepäck und das kann teuer werden. Preise von 20 EUR pro Kilo für Übergepäck sind keine Seltenheit. Um Gewichtsproblemen beim Einchecken vorzubeugen, wird empfohlen, das Gepäck auf höchstens 20 kg zu beschränken. Wer sich am Limit befindet, kann schwere Gegenstände, wie Schuhe oder Bücher für die Dauer des Fluges ins Handgepäck packen.

Handgepäck

Ins Handgepäck gehört alles, was während der Reise im Flugzeug, Bus oder Zug benötigt wird. Dazu gehören unter anderem Geld, Ausweise, Reisetickets, Kamera, MP3-Player, Handy, Wasserflasche und Reiseführer. Es muss unbedingt daran gedacht werden, dass auf Flügen keine scharfen, spitzen oder gefährlichen Gegenstände im Handgepäck mitgenommen werden dürfen. Außerdem dürfen bei Abflügen innerhalb der EU seit dem 06.11.2006 Flüssigkeiten nur noch eingeschränkt im Handgepäck transportiert werden. Flüssigkeiten wie Getränke, Zahnpaste, Cremes oder Haargel dürfen in Behältern mit maximal 100 ml Inhalt mitgeführt werden und müssen in einem wieder verschließbaren durchsichtigen Plastikbeutel mit maximal einem Liter Volumen untergebracht werden. Pro Passagier ist ein Plastikbeutel erlaubt. Für Medikamente und im Duty-Free-Bereich erworbene Getränke und Parfüms gelten Ausnahmen.

Sport- und Sondergepäck

Die meisten Fluggesellschaften bieten Sondertarife für sperriges Gepäck wie Fahrräder, Surfboards oder Musikinstrumente an. Diese Tarife sind oft günstiger als die üblichen Übergepäcktarife und manchmal sogar kostenlos. Bedingung ist: Die Tasche mit dem Sport- bzw. Sondergepäck darf kein anderes Gepäck enthalten und muss vor dem Flug angemeldet werden, am besten gleich bei der Flugbuchung. Die Kosten für den Transport von Sport- und Sondergepäck unterscheiden sich von Fluggesellschaft zu Fluggesellschaft und hängen auch von der Art des Sportgerätes ab. Wer sperrige Gegenstände mit nach Neuseeland nehmen möchte, sollte sich rechtzeitig bei der jeweiligen Fluggesellschaft über die Regelungen erkundigen.

Was muss mit?

In den Katalogen der großen Outdoor-Geschäfte, wie z. B. Globetrotter (www.globetrotter.de), Bergzeit (www.bergzeit.de) oder Tapir (www.tapir-store.de) findet man zahlreiche, scheinbar nützliche Produkte für eine Langzeitreise. Vieles ist jedoch nur auf den ersten Blick brauchbar. Was wirklich wichtig für die Reise nach Neuseeland ist, wird auf den nächsten Seiten erklärt.

Gepäckstücke

Rucksack

Das wichtigste Gepäckstück für Backpacker ist ein gut sitzender Rucksack. Da in den meisten Hostels kein Fahrstuhl vorhanden ist und manche Strecken über Sandstraßen oder durch unwegsames Gelände führen sind Rollkoffer weniger geeignet. Je nach Einsatzgebiet wie Trekking, Radfahren oder Reisen unterscheiden sich Rucksäcke in Farbe, Form und Ausstattung. Für einen Arbeitsurlaub sind Trekking- und Kofferrucksäcke am besten geeignet. Nachfolgend die Vor- und Nachteile der verschiedenen Rucksacktypen:

Trekking-Rucksack:

Der Trekking-Rucksack wurde, wie der Name schon sagt, für lange Trekkingtouren entwickelt. Er ist schmal, lang und dem Rücken ergonomisch angepasst, wodurch auch das Tragen über lange Strecken angenehm bleibt. Diverse Ausrüstungsgegenstände wie Isoliermatte oder Zeltstangen können durch Spann- und Kompressionsgurte sicher außen am Rucksack befestigt werden. Der Trekking-Rucksack wird von oben gepackt und zugebunden, was den Tragekomfort erhöht, aber das Packen umständlich macht. Oft muss der ganze Rucksack ausgepackt werden, um zu finden, wonach man sucht. Der Trekking-Rucksack besitzt keinen Reißverschluss kann aber mit einem Netz aus Stahl, das um den Rucksack gelegt wird, gesichert werden. Wer einen hohen Tragekomfort erwartet oder lange Trekkingtouren machen bzw. viel mit dem Rucksack laufen möchte, ist mit einem Trekking-Rucksack gut beraten.

Koffer-Rucksack:
Der Koffer-Rucksack ist breiter als der Trekking-Rucksack und hat, ähnlich wie ein Koffer, einen Rundumreißverschluss. Dadurch kann der Rucksack vollständig geöffnet werden, sodass man bei geöffnetem Reißverschluss einen Überblick über den Rucksackinhalt hat. Die meisten Modelle sind inzwischen mit einem kleinen Tagesrucksack ausgestattet, den man durch einen Reißverschluss vom Rucksack trennen kann. Der Koffer-Rucksack bietet einen guten Tragekomfort auf kurzen Strecken, ist jedoch nicht für lange Trekkingtouren geeignet. Durch die Reißverschlüsse kann der Rucksack leicht mit kleinen Schlössern vor Dieben geschützt werden. Auch das Packen geht durch den Rundumreißverschluss leichter und schneller. Bei fast allen Modellen lassen sich die Tragegurte hinter einer Klappe mit Reißverschluss verstauen und können sich dadurch auf Flugreisen nicht verfangen oder abreisen. Da die meisten Backpacker mit dem Bus, der Bahn oder dem Auto unterwegs sind und den Rucksack hauptsächlich vom Transportmittel zur Unterkunft tragen, ist ein Kofferrucksack bestens für eine Work & Travel Reise geeignet.

Rollkoffer-Rucksack:
Der Rollkoffer-Rucksack ist eine Weiterentwicklung des Koffer-Rucksacks. Er ist neben einem Rucksacktragesystem zusätzlich mit Rollen und einem ausziehbaren Teleskopgriff ausgestattet und lässt sich dadurch auf einer Straße ziehen oder auf unwegsamem Gelände, Sandböden oder Treppen in einen Rucksack umwandeln. Durch ein Schloss um den Teleskopgriff und z. B. einem Bettpfosten kann der Rucksack einfach vor Diebstahl gesichert werden. Da die Rucksäcke aufgrund der Rollen bereits über ein hohes Leergewicht von ca. 4 kg verfügen, bleiben für den Inhalt nur noch 10 bis 15 kg übrig. Rollkoffer-Rucksäcke sind daher ideal für längere Aufenthalte an einem Ort. Für lange Wanderungen und häufigen Ortswechsel sind sie weniger geeignet. Das Tragesystem eines Rollkoffer-Rucksacks ist zwar ergonomisch geformt, reicht aber nicht an den Tragekomfort eines Trekking- oder Koffer-Rucksacks heran.

Die Größe des Rucksacks wird in Litern angegeben. Es gibt Rucksäcke mit einem Volumen von bis zu 120 Litern. Für eine Work & Travel Reise reicht ein Rucksack mit einem Volumen von 55 bis 65 Litern. Rucksäcke mit solch einem Volumen wiegen bepackt etwa 15 bis 20 kg. Da selbst ein 65-Liter-Rucksack schwer werden kann, wenn er voll bepackt ist, sollte ein Rucksack für Frauen nicht mehr als 55 Liter fassen.

Beim Kauf eines Rucksacks sollte darauf geachtet werden, dass er den eigenen Ansprüchen gerecht wird und zur Rückenlänge passt. Einen Rucksack nach Größe oder Farbe auszuwählen, ist nicht sinnvoll. Um das richtige Model zu finden, müssen beladene Rucksäcke mit verschiedenen Tragesystemen anprobiert werden. Wenn der Rucksack passt, sitzt das Gewicht des Rucksacks auf der Hüfte und der Rucksack lässt sich bequem tragen. Umfangreiche Beratung erhält man in Ausrüstungsläden, die es in jeder großen Stadt Deutschlands gibt. Dort können auch verschiedene Rucksäcke anprobiert werden.

Auch wenn viele Rucksäcke aus wasserabweisendem Material gefertigt sind, ganz wasserdicht sind sie nicht, denn Wasser kann leicht durch Reißverschlüsse und Nähte eindringen. Der Rucksack kann jedoch durch eine Regenhülle gut gegen Nässe geschützt werden. Diese wird einfach über den Rucksack gestülpt und bietet so Schutz vor Regen, Schmutz und sogar Dieben. Einige Modelle haben eine Regenhülle direkt in den Rucksack eingenäht.

Tagesrucksack
Ein Tagesrucksack (Daypack) gehört neben dem großen Rucksack zur Grundausstattung. Er kann auf kurzen Wanderungen oder im Alltag eingesetzt werden und bietet Platz für Dinge des täglichen Gebrauchs wie Wasserflasche, Reiseführer und Kamera. Tagesrucksäcke gibt es in verschiedenen Farben und Formen. Viele Koffer-Rucksäcke sind bereits mit einem Tagesrucksack ausgestattet, der einfach und bequem vom Hauptrucksack per Reißverschluss abgenommen werden kann. Für kurze Wanderungen, kleine Tagestouren und den täglichen Gebrauch reicht ein Rucksack mit einem Fassungsvermögen von 20 bis 25 Litern. Beim Kauf sollte auf gepols-

terte Tragegurte, robustes Material und angenehmen Tragekomfort geachtet werden.

Kleine Umhängetasche
Wer nicht ständig mit dem Tagesrucksack rumlaufen möchte, kann zusätzlich eine kleine Umhängetasche für den Stadtbummel am Tag oder das Ausgehen am Abend mitnehmen, in dem Kleinkram, wie Handy, Schlüssel, Geldbörse und Fotoapparat, untergebracht werden können.

Waschtasche
Eine Waschtasche ist auch beim Backpacking wichtig. Gute Waschtaschen sind wasserfest, robust und pflegeleicht. Sie besitzen verschiedene Fächer und bieten so übersichtlichen Stauraum. Praktisch sind Taschen zum Zusammenklappen und mit Haken, die das Aufhängen in der Dusche ermöglichen.

Geldgürtel
Unter der Kleidung getragen, bietet ein Geldgürtel idealen Schutz vor Dieben. In ihm können neben Geld alle wichtigen Dokumente wie Flugtickets, Reisepass und Reiseschecks aufbewahrt werden.

Reisekleidung

Das Klima Neuseelands ist relativ mild. Die Durchschnittstemperaturen auf der Nordinsel liegen zwischen 10 bis 20 Grad Celsius, auf der Südinsel zwischen 5 bis 15 Grad Celsius. Für die kühleren Tage sollte ein warmer Fleece-Pulli daher nicht fehlen. Funktionskleidung ist ideal, auf den ersten Blick jedoch teuer. Dennoch lohnt sich die Anschaffung ein paar dieser Teile. Funktionskleidungstücke sind oft mehrere Teile in einem. Eine lange Hose mit abnehmbaren Beinen kann z. B. auch in eine Caprihose oder Shorts verwandelt werden. Wendetops und -shirts bringen Abwechslung in die Reisegarderobe und nehmen weniger Platz weg. Außerdem ist Funktionskleidung pflegeleicht, knitterfrei und leicht zu verstauen.

Wer ein ganzes Jahr oder länger in Neuseeland verbringen möchte, hat aus Platzgründen natürlich nicht die Möglichkeit Kleidung für alle Jahreszeiten mitzunehmen. Auf langen Reisen ist es daher sinnvoll, sich nach dem sogenannten Zwiebelschalenprinzip zu kleiden. Kleidungsstücke werden je nach Wetterlage wie eine Zwiebel in mehreren Schichten miteinander kombiniert. Durch das Zwiebelschalenprinzip kann die Kleidung an die jeweiligen Temperatur- und Witterungsverhältnisse angepasst werden, wodurch alle Kleidungsstücke im Sommer und auch im Winter getragen werden können. Der Aufbau erfolgt in mehreren Schichten:

1. Schicht
Die unterste Schicht ist die Unterwäsche, die atmungsaktiv sowie klimaregulierend sein sollte. Sie leitet Schweiß nach außen, sodass die Haut trocken bleibt. Unterwäsche aus synthetischen Materialien wie Polyester oder Polypropylen ist am besten geeignet, da diese, im Gegensatz zu Baumwollunterwäsche, keine Feuchtigkeit aufnehmen aber gut nach außen weiterleiten kann.

2. Schicht
Die mittlere Schicht dient als wärmende Schicht. T-Shirts, Hemden, Blusen, Fleece-Pullis, Leggings, usw. schützen vor Kälte und leiten ebenfalls Feuchtigkeit nach außen ab. Auch hier sind Textilien aus Kunstfasern wie Polyester oder Polypropylen besser geeignet als Baumwolle.

3. Schicht
Die äußere Schicht dient zum Schutz vor Wind und Regen. Diese Funktion übernimmt eine atmungsaktive Wind und Regen abweisende Jacke, die wie die anderen Schichten auch, die Feuchtigkeit nach außen weiterleitet. Ideal sind sogenannte Softshell-Jacken, an den Beinen eignen sich lange Trekkinghosen.

Für einen Work & Travel Aufenthalt reicht es, Alltagskleidung für sieben bis zehn Tage mitzunehmen. Waschen kann man im Hostel oder im Waschsalon. Da Kleidung in Neuseeland nicht teurer als in Deutschland ist, können T-Shirts, Shorts, Badebekleidung, usw. vor Ort eingekauft oder nachgekauft werden. Wer auf dem Weg nach Neuseeland einen Zwischenstopp in Asien macht, hat die Möglichkeit sich dort mit günstigen Klamotten einzudecken.

Nachfolgend ein Überblick, welche Kleidungsteile für den Neuseelandaufenthalt benötigt werden:

Unterwäsche
Acht bis zehn leichte Unterhosen sind angemessen. Bei Bedarf können diese auch schnell mit der Hand gewaschen werden. Frauen benötigen außerdem noch ein paar BHs. Da diese nicht so oft gewaschen werden wie Unterhosen, müssen nur etwa drei davon eingepackt werden. Für sportliche Aktivitäten, wie Wandern oder Klettern empfiehlt es sich, zusätzlich einen Sport-BH mitzunehmen.

Strümpfe
Acht bis zehn Paar Strümpfe sollten ausreichen. Für lange Wanderungen empfehlen sich Wandersocken, die atmungsaktiv sind und vor Blasenbildung schützen.

Jacke
Ideal ist eine leichte Wind und Wasser abweisende Jacke mit vielen Taschen. Sogenannte Softshell-Jacken sind vielfältig einsetzbar, atmungsaktiv und bequem. Sie haben ein kleines Packmaß und können gut im Rucksack verstaut werden. Softshell-Jacken sind in allen Outdoor-Läden erhältlich. Mehr als eine Jacke wird nicht benötigt.

Fleece-Pullover
Ein Fleece-Pullover hält angenehm warm und ist dazu noch superleicht. Er eignet sich für kalte Tage oder kühle Abende. Anstelle eines Fleece-Pullis kann auch eine Fleece-Jacke eingepackt werden. Sie macht das An- und Ausziehen noch einfacher.

Langarm-Shirts
Zwei bis drei Langarm-Shirts können für kalte Tage mitgenommen werden. Sie sollten leicht, bequem und gut kombinierbar mit den anderen Kleidungstücken sein.

T-Shirts
T-Shirts sind für den täglichen Gebrauch gedacht. Idealerweise sind sie leicht und bequem, einfach zu waschen und gut kombinierbar mit anderen Kleidungsstücken. Gut geeignet sind Shirts mit verschiedenen Mustern und Aufdrucken, die Schmutzflecke und auch

Falten verstecken. Ein T-Shirt kann als Schlaf-Shirt genutzt werden, so kann der Schlafanzug zu Hause bleiben. Insgesamt sollten sieben oder acht Shirts ausreichen. Bei Bedarf können T-Shirts günstig vor Ort nachgekauft werden.

Tops
Frauen können zusätzlich zwei bis drei leichte schulterfreie Tops einpacken. Tops sollten nur für den Stadtbummel oder beim Ausgehen am Abend getragen werden. Ein Top davon kann etwas schicker sein und für besondere Anlässe wie Restaurant- oder Discobesuche genutzt werden.

Lange Hosen
Auf die Mitnahme einer Jeans sollte möglichst verzichtet werden. Jeans sind schwer und trocknen nur langsam. Besser geeignet sind zwei leichte Trekkinghosen in Beige oder Grau. Sie sind atmungsaktiv, bequem und leicht zu waschen. Hosen mit abnehmbaren Beinen sparen außerdem noch Platz, da auf die Mitnahme von kurzen Hosen verzichtet werden kann.

Kurze Hosen
Board-Shorts sind in Neuseeland in verschiedenen Farben und Mustern zu günstigen Preisen erhältlich. Die Shorts können nicht nur in der Stadt, sondern auch am Strand und beim Schwimmen getragen werden. Zwei oder drei Shorts sind ausreichend.

Leggings
Unter die Hosen oder den Rock gezogen schützen Leggings tagsüber vor Kälte. In kühlen Nächten können sie als Schlafhose genutzt werden. Ein oder zwei Paar Leggings reichen aus. Bei Bedarf kann vor Ort nachgekauft werden.

Sarong
Ein Sarong ist eigentlich nur ein großes Stück Stoff. Der Stoff ist jedoch multifunktional einsetzbar, z. B. als Rock, Kleid, Strandtuch, Badeschal, Bettlaken oder Vorhang. Er sollte in keinem Rucksack fehlen.

Rock
Frauen können zusätzlich einen leichten, kurzen Rock einpacken, der auf Partys oder in der Disco getragen werden kann.

Arbeitskleidung

Für verschiedene Jobs werden unterschiedliche Arbeitsklamotten benötigt. Weiß man bereits vor der Abreise, in welcher Branche gearbeitet werden soll, können die entsprechenden Kleidungsstücke mit nach Neuseeland genommen werden. Wer sich vor Reiseantritt nicht sicher ist, welche Tätigkeiten in Neuseeland ausgeübt werden sollen, muss nicht für alle möglichen Jobs die passende Kleidung mitnehmen. In Second Hand Läden ist eine große Auswahl an günstigen Klamotten erhältlich.

Egal, für welchen Job man sich bewirbt, gute Kleidung und ein gepflegtes Äußeres sind beim Vorstellungsgespräch wichtig. Männer sollten eine schwarze Hose, ein weißes Hemd und möglichst eine Krawatte tragen. Frauen können einen Rock oder eine schicke Hose und eine neutrale Bluse anziehen. Auch die Kleidung für Vorstellungsgespräche kann in Second Hand Läden in Neuseeland günstig erworben werden.

Kleidung für Büro-Jobs
In neuseeländischen Büros wird generell konservative Kleidung getragen. Männer tragen dunkle Hosen, helle Hemden, eine Krawatte und Halbschuhe aus Leder. Frauen tragen dezente Kleider, Kostüme, Röcke, Blusen, Strumpfhosen und Pumps.

Kleidung für Farm- und Ernte-Jobs
Für Farm- und Erntearbeit wird robuste Arbeitskleidung benötigt: Ein Hut mit breiter Krempe als Sonnenschutz (ein Basecap reicht nicht aus), zwei bis drei dünne Oberteile mit langen Ärmeln und zwei bis drei dünne lange Hosen um sich vor Kratzern von Ästen und Gebüsch zu schützen sowie feste Schuhe für guten Halt. Es wird nicht empfohlen, die guten Wanderschuhe und die beste Reisekleidung für solche Jobs zu nutzen. Oft ist die Arbeitskleidung am Ende des Arbeitsverhältnisses so schmutzig und verschlissen, dass sie weggeworfen werden muss. Schuhe und Klamotten für Ernte-

arbeit können günstig in Second Hand Läden und Supermärkten vor Ort gekauft werden.

Kleidung für Bau- und Handlanger-Jobs
Für Arbeiten auf dem Bau werden feste Arbeitsschuhe mit Stahlkappen zwingend vorausgesetzt. Diese sind in Neuseeland für ca. 120 NZD (80 EUR) erhältlich. Auch für Jobs auf dem Bau gilt: Nicht die besten Reiseklamotten tragen.

Kleidung für Gastronomie- und Tourismus-Jobs
Bei Tätigkeiten in Gastronomie und Tourismus empfiehlt es sich, bequeme Schuhe zu tragen. Spezielle Kleidung wird nicht benötigt. Arbeitnehmer erhalten in der Regel eine Uniform des Unternehmens. Das kann ein einfaches T-Shirt mit Firmenlogo oder eine Hose mit Bluse bzw. Hemd sein.

Schuhe

1 Paar Wanderschuhe
Feste knöchelhohe Wanderschuhe mit einer griffigen Sohle sind ideal für alle Klimazonen. Beim Kauf sollte auf Gewicht, Komfort und stabilen Sohlenaufbau geachtet werden. Gute Schuhe können täglich getragen werden und sind auch für Wanderungen in Nationalparks bestens geeignet. Um Blasen zu vermeiden, empfiehlt es sich, die Schuhe in Deutschland zu kaufen und einzulaufen.

1 Paar Trekkingsandalen
Trekkingsandalen bieten guten Halt, auch auf nassem Untergrund und lassen sich durch Klettbandverschlüsse individuell anpassen. Sie sind ideal für tropisches Klima, in dem Wanderschuhe oft zu warm sind.

1 Paar neutrale Schuhe
Da für Restaurant- oder Discobesuche weder Wanderschuhe noch Trekkingsandalen geeignet sind und viele Clubs den Einlass in solchen Schuhen nicht gewähren, kann für besondere Anlässe ein neutrales Paar Schuhe mitgenommen werden. Für Frauen eignen sich leichte Ballerinas, für Männer sind leichte Sommerhalbschuhe ideal.

1 Paar Badelatschen/Flip Flops
Badelatschen oder Flip Flops schützen beim Duschen oder Baden vor Fußpilz und dürfen deshalb in keinem Rucksack fehlen.

Körperpflege

Duschgel & Co
Alles was für die Körperpflege benötigt wird, kann in kleine handliche Plastikflaschen umgefüllt werden. Diese können vor der Reise gesammelt oder im Ausrüstungsladen gekauft werden. Bei Bedarf können die Flaschen in Neuseeland aufgefüllt werden. Wer Kombinationsprodukte wie Shampoo & Conditioner in einem kauft, spart außerdem Platz im Rucksack.

Make-up
Make-up sollte nur für besondere Anlässe und nicht für den täglichen Gebrauch mitgenommen werden. Bei Bedarf kann es auch vor Ort gekauft werden. Wer nicht ganz auf Make-up verzichten möchte, kann zu wasserfester Mascara und pflegenden Lipgloss greifen. Lidschatten und andere Produkte sind nicht nötig.

Handtuch
Ein normales Frotteehandtuch nimmt viel Platz weg und fängt schnell an unangenehm zu riechen. Es lohnt sich deshalb, in ein Mikrofaserhandtuch zu investieren. Mikrofaserhandtücher trocknen schnell, sind saugstark und gegen Geruchsbildung antibakteriell behandelt. Die Handtücher sind leicht und haben ein kleines Packmaß. Ein oder zwei Handtücher reichen aus.

Reisewaschmittel
Waschmittel in der Tube ist ideal für die schnelle Handwäsche zwischendurch. Ist die Tube leer, kann in Neuseeland Nachschub gekauft werden.

Kleine Handbürste
Eine kleine Handbürste ist nützlich um schmutzige Füße oder Hände zu säubern, aber auch um Schuhe von Schlamm zu befreien oder Flecken aus der Handwäsche zu bekommen.

Sonstiges

Schlafsack

In den meisten Hostels gehören Kissen, Decken und Bettwäsche zur Grundausstattung oder können gegen eine kleine Gebühr geliehen werden. Schlafsäcke dürfen aufgrund der Gefahr von Bettwanzen nur noch in wenigen Hostels benutzt werden. Dennoch ist es ratsam, einen Schlafsack mit nach Neuseeland zu nehmen. Auch auf langen Fahrten im Bus oder beim Schlafen auf der Couch von Freunden leistet ein eigener Schlafsack immer gute Dienste. Auch auf den zahlreich angebotenen Campingtouren wird ein Schlafsack benötigt. Zwar kann man Schlafsäcke bei fast allen Tourveranstaltern gegen eine geringe Gebühr ausleihen, diese sind jedoch nicht immer sauber.

Beim Kauf sollte darauf geachtet werden, dass der Schlafsack für Temperaturen um den Gefrierpunkt geeignet ist, da es in Neuseeland nachts sehr kalt werden kann. Wichtig sind auch das Gewicht und das Packmaß. Ein guter Schlafsack hält warm ist leicht und hat ein kleines Packmaß.

Inlett

Da in manchen Hostels die Bettwäsche nicht immer frisch und sauber ist, lohnt sich die Mitnahme eines Inletts. Es schützt den Schlafsack zudem vor Schmutz und ist leicht zu waschen. Ist es kalt, macht ein Inlett den Schlafsack um ein paar Grad wärmer. Ist es warm, muss man nicht im Schlafsack schwitzen, sondern kann im Inlett schlafen. Inletts gibt es aus Baumwolle und Seide. Baumwolle ist billiger, Seide ist leichter und platzsparender.

Campingausrüstung

Nur wer regelmäßig zelten möchte, benötigt eine Campingausrüstung. Für kurze Touren, auf denen im Zelt übernachtet werden soll, kann Campingausrüstung in der Regel auch ausgeliehen oder günstig vor Ort erworben werden. Zelte, Isomatten, Gaskocher, usw. sind von anderen Backpackern, in Outdoor-Geschäften oder großen Supermärkten zu günstigen Preisen erhältlich. Am Ende der Reise kann die Ausrüstung an andere Reisende weiterverkauft werden.

Taschenlampe
Eine kleine Taschenlampe gehört ebenfalls ins Gepäck. Um die Hände frei zuhalten, wird die Mitnahme einer Stirnlampe empfohlen. Mit einer Stirnlampe kann man kochen, lesen, packen, u. v. m. Stirnlampen sind auch nützlich, wenn es nachts keinen Strom gibt oder wenn im Zelt geschlafen wird.

Taschenmesser
Ein Taschenmesser ist ein hilfreiches Werkzeug für den Alltag. Messer, die neben verschiedenen Klingen auch Funktionen wie Korkenzieher, Dosenöffner, Zahnstocher, Pinzette oder Schere besitzen, sind besonders nützlich für Backpacker.

Kompass
Zur Orientierung in einer neuen Stadt unverzichtbar und auch für Notfälle nützlich. Ein Kompass-Karabiner kann durch seinen Karabiner als Schlüsselanhänger verwendet oder einfach nur an den Rucksack geklemmt werden.

Zahlenschloss
In den meisten Hostels gibt es Schließfächer, in denen Wertsachen oder Rucksäcke eingeschlossen werden können. Auch der Rucksack selbst kann mit einem kleinen Schloss gesichert werden. Ein Zahlenschloss ist am sinnvollsten, da kein zusätzlicher Schlüssel benötigt wird.

Wer durch die USA reist, darf sein Gepäck aus Sicherheitsgründen nicht mehr verschließen. Abhilfe schafft ein Transportation Security Administration (TSA) zertifiziertes Schloss. Es wurde von der TSA entwickelt, um das Inspizieren des Gepäcks zu vereinfachen. Es kann auch von der TSA geöffnet werden. Das Schloss ist in den meisten Outdoor-Geschäften erhältlich.

Reiseadapter
Um deutsche Elektrogeräte und Ladestationen wie z. B. das Handy, den MP3-Player oder die Digitalkamera wieder aufzuladen, wird ein Reiseadapter benötigt. Er ist in Outdoor-Geschäften erhältlich.

Reisewecker
Ein separater Reisewecker wird nur benötigt, wenn das Handy oder die Armbanduhr keine Alarmfunktion hat.

Ohrenstöpsel
Sie sind für Nächte im Hostel fast unverzichtbar. Die Leute kommen und gehen, feiern eine Party oder schnarchen. Wer da ruhig schlafen will benötigt Ohrenstöpsel.

Reiseführer
Ein Reiseführer sollte neben den üblichen Informationen zu Land und Leuten auch Backpacker-Tipps (z. B. günstige Restaurants) enthalten. Der Lonely Planet ist der beliebteste Reiseführer bei Backpackern, da er neben günstigen Unterkünften, guten Restaurants und verschiedenen Transportmöglichkeiten auch interessante Hintergrundinformationen enthält. Der Lonely Planet für Neuseeland ist inzwischen auch in deutscher Sprache erhältlich.

Digitalkamera
Viele Handys und Smartphones sind inzwischen mit Kameras ausgestattet, die gute Fotos machen. Wer gern und oft fotografiert benötigt jedoch eine Digitalkamera. Digitale Kompaktkameras mit vielen Funktionen sind klein, leicht und bereits ab 50 EUR erhältlich.

Handy
Um bei Job- und Wohnungsangeboten schnell reagieren zu können, wird ein Handy benötigt. Wer kein deutsches Handy mit nach Neuseeland bringt, kann sich vor Ort ein günstiges Prepaid-Handy-Paket mit Handy und SIM-Karte kaufen.

Was bleibt zu Hause?

Wertsachen

Wertsachen, wie Uhren oder Schmuck, sollten unbedingt zu Hause bleiben. Schließfächer gibt es zwar in vielen Hostels aber nicht in allen. Auch beim Zelten oder Couchsurfen sind keine Schließfächer vorhanden, wo Wertsachen deponiert werden können.

Schuhe

Schuhe benötigen viel Platz und können schwer sein. Mehr als vier Paar Schuhe sollten deshalb nicht eingepackt werden. Ein paar Flip Flops zum Duschen, ein Paar Outdoor-Sandalen für den täglichen Gebrauch, ein paar Wanderschuhe für Abenteuertouren, Wanderungen oder schlechtes Wetter und ein neutrales Paar Schuhe für die Arbeit oder zum Ausgehen reichen aus.

Elektrogeräte

Elektrische Geräte, wie Laptops, GPS-Systeme oder tragbare DVD-Player, nehmen, auch wenn Sie klein sind, im Rucksack viel Platz weg. Zudem sind Anschlüsse für solche Geräte nicht immer vorhanden. Die Mitnahme elektrischer Geräte sollte sich daher auf die wichtigsten Teile beschränken.

Packen

Kleidung und andere Gegenstände werden nicht planlos in den Rucksack gestopft, sondern mit System. Als Faustregel gilt: Schwere Gegenstände werden dicht an den Rücken auf Schulterhöhe gepackt. Dadurch lässt sich der Rucksack leichter tragen und zieht nicht nach hinten. Schlafsack, Kleidung und andere leichte Gegenstände, die nicht oft gebraucht werden, kommen ins Bodenfach. Mittelschwere Gegenstände, wie Kleidung für den täglichen Gebrauch, werden im Hauptfach verstaut. Kleinigkeiten, die schnell griffbereit sein müssen, wie Handy, Kamera oder Sonnencreme, werden im Deckelfach verstaut. Ist kein Deckelfach vorhanden, wie bei den meisten Kofferrucksäcken, können diese Gegenstände in den Tagesrucksack gepackt werden, der häufig per Reißverschluss am Rucksack befestigt ist. Wer Campingausrüstung mitnimmt, kann Isomatte und Zelt außen am Rucksack mit umlaufenden Spanngurten befestigen. Außer der Campingausrüstung sollten keine Gepäckstücke außen am Rucksack angebracht werden. Plastikbeutel in verschiedenen Farben schaffen Ordnung im Rucksack und schützen vor Nässe. Um tote Winkel zu vermeiden, dürfen Beutel nicht zu prall gefüllt werden. Ist der Rucksack gepackt, werden alle Kompressionsgurte festgezogen, wodurch der Rucksack noch kompakter wird.

Damit der Rucksack bequem sitzt, müssen nach dem Packen die Tragegurte individuell eingestellt werden. Bevor der Rucksack aufgesetzt wird, sollten alle Schulter- und Hüftgurte gelockert werden. Nach dem Aufsetzen wird zuerst der Hüftgurt mittig über die obere Kante des Beckenknochens positioniert, geschlossen und festgezogen. Danach werden die Schultergurte und schließlich die von der Schulter zum Packsack verlaufenden Lastgurte festgezogen. Da das Gewicht des Rucksacks vom Hüftgurt getragen wird, sollten die Schultergurte nicht zu fest gezogen werden. Zum Schluss kann noch der Brustgurt geschlossen werden.

Der wichtigste Aspekt beim Packen des Rucksacks ist das Reduzieren von Gewicht. Profis entfernen die Schilder aus T-Shirts oder schneiden die Zahnbürste in der Mitte durch um das Gewicht zu verringern. Als Backpacker muss man nicht so extrem sein. Dennoch gibt es auch hier Möglichkeiten, das Gewicht zu reduzieren. Dies geht am einfachsten, wenn bestimmte Gegenstände gar nicht erst mit auf die Reise genommen werden. So kann z. B. Anstelle von drei Büchern nur ein Buch mitgenommen und unterwegs mit anderen Reisenden wieder getauscht werden. Eine andere Möglichkeit Gewicht zu reduzieren und Platz zu schaffen, ist das Ersetzen von Verpackungen. Medikamente in Pappschachteln können z. B. in kleine wieder verschließbare Beutel gepackt werden (Beipackzettel unbedingt aufheben) und Produkte wie Duschgel oder Haarwäsche können in kleinere Flaschen umgefüllt werden. Nachschub kaufen kann man vor Ort jederzeit. Reist man zu zweit, können Gegenstände, die von beiden genutzt werden, wie z. B. Zahnpaste, Digitalkamera oder Bücher untereinander aufgeteilt werden. Ein gepackter Rucksack sollte nicht mehr als ein Viertel des eigenen Körpergewichtes wiegen. Bei einer 60 kg schweren Person dürfte der Rucksack also maximal 15 kg schwer sein.

Um Platz für Souvenirs und andere Andenken zu haben, die während der Reise noch dazukommen, sollte bei Reiseantritt ein Viertel des Rucksacks frei bleiben.

NEUSEELAND

Land und Leute

Geschichte

Im Jahre 1769 erreichte der englische Seefahrer James Cook Neuseeland. Nach anfänglichen Auseinandersetzungen gelang es Cook, sich mit den Maori zu verständigen. In den folgenden Jahren kartografierte er das Land, erkundete Flora und Fauna und sammelte Informationen über die Kultur der Maori.

Ab dem 19. Jahrhundert erreichten Händler, Wal- und Robbenfänger, später auch Missionare das Land. Die Einwanderer betrieben einen regen Handel mit den Maori und lebten friedlich mit ihnen zusammen. Schusswaffen, die die Maori durch Tauschgeschäfte von Europäern erhalten hatten, führten jedoch bald zu blutigen Kämpfen unter den verschiedenen Maori-Stämmen. Die Kämpfe und die von Europäern eingeschleppten Krankheiten, gegen die die Maori nicht resistent waren, führten in dieser Zeit zum Tod zahlreicher Ureinwohner.

Um die kriegerischen Auseinandersetzungen unter den Maori-Stämmen zu beenden, schickte das Vereinigte Königreich 1932 den Offizier James Busby nach Neuseeland. 1834 erschuf er in Zusammenarbeit mit den Maori eine eigene Flagge, die noch heute von den Maori benutzt wird. Am 28. Oktober 1835 gelang es ihm, dass sich 35 Maori-Stämme zu den United Tribes of New Zealand (Vereinigte Stämme Neuseelands) zusammenschlossen und die Unabhängigkeitserklärung Neuseelands unterzeichneten.

Am 6. Februar 1840 wurde in den Bay of Islands der Vertrag von Waitangi von 40 Maori Häuptlingen und Vertretern der britischen Krone unterzeichnet. Der Vertrag gilt als die Geburtsurkunde des neuseeländischen Staates und regelt den Landesanspruch sowie die Gleichstellung der Ureinwohner. Neuseeland wurde offiziell zu einer britischen Kolonie.

In den folgenden Jahren kam es durch die Kolonialisierung Neuseelands jedoch mehr und mehr zu Spannungen. 1843 kam es schließlich zu kriegerischen Auseinandersetzungen zwischen den Weißen und den Maori. Die Kämpfe dehnten sich in den kommenden Jahren bis auf das ganze Land aus und dauerten bis 1872 an.

Neuseeland blieb bis 1907 eine britische Kolonie und ist seit 1931 ein unabhängiger Staat im britischen Commonwealth. Das Unabhängigkeitsstatut wurde von der neuseeländischen Regierung jedoch erst am 25. Dezember 1947 unterzeichnet.

Geografie

Neuseeland liegt 1.600 km südöstlich von Australien im Pazifischen Ozean. Der Staat besteht aus zwei Hauptinseln, der Nord- und der Südinsel, welche durch die 35 km breite Cookstraße getrennt sind, sowie mehr als 700 kleineren Inseln. Mit einer Fläche von 268.676 km^2 ist Neuseeland etwa ein Viertel kleiner als Deutschland (356.733 km^2). Während die Hauptinseln in Ost-West-Richtung nie breiter als 450 km sind, erstrecken sie sich in nordöstlicher Richtung weit über 1.600 km. Die Südinsel ist mit ca 150.000 km^2 etwas größer als die ca. 115.000 km^2 umfassende Nordinsel.

Die Nordinsel ist geprägt von grünen Hügeln, aktiven Vulkanen und speienden Geysiren. Auf der Südinsel erstrecken sich die Neuseeländsichen Alpen wie ein riesiges Rückgrat über die gesamte Insel und gehen nach Süden in ein Fjordland über. Der höchste Gipfel dieser Gebirgskette ist der Mount Cook. Er ist mit 3.754 m zugleich der höchste Berg Neuseelands.

Bevölkerung

Neuseeland gehört mit seinen ca. 4 Millionen Einwohnern auf etwa 269.000 km^2 Fläche zu den am dünnsten besiedelten Ländern der Welt. Die Einwohner verteilen sich ungleichmäßig auf die verschiedenen Landesteile. Etwa 3 Millionen Menschen leben auf der kleineren Nordinsel. Allein 1,3 Millionen Neuseeländer haben ihren Wohnsitz in Auckland, der größten Stadt des Landes. Die größere Südinsel wird nur von etwa 1 Million Menschen bewohnt, einige Landesteile sind nahezu menschenleer.

Den größten Teil der Bevölkerung machen die sogenannten Pakeha, Neuseeländer europäischer Abstammung, aus. Sie sind Nachfahren der ersten europäischen Siedler und größtenteils britischer, aber auch deutscher, italienischer, polnischer und niederländischer Abstammung. Sie machen etwa 67,6 Prozent der Gesamtbevölkerung aus. Die zweitgrößte Bevölkerungsgruppe bilden mit 14,6 Prozent die neuseeländischen Ureinwohner, die Maori. Den restlichen Anteil bilden Einwanderer, hauptsächlich aus Asien, Indien und den pazifischen Inseln.

Zeitzonen

Neuseeland hat zwei Zeitzonen. Die Hauptinseln verwenden die New Zealand Standard Time (NZST), die elf Stunden vor der Mitteleuropäischen Zeit (MEZ) liegt. Die Chatham-Inseln verwenden die Chatham Standard Time (CHAST) und sind den Hauptinseln um 45 Minuten voraus.

Im Sommer wird die Uhr während der Sommerzeit eine Stunde vorgestellt.

Tierwelt

Vor etwa 80 Millionen Jahren driftete Neuseeland vom Urkontinent Gondwana in den Pazifischen Ozean ab und entwickelte aufgrund der isolierten Lage eine einzigartige Tierwelt. Vor Ankunft der Siedler gab es bis auf drei Fledermausarten keine Landsäugetiere. Üppiges Buschland begünstigte die Entstehung zahlreicher Vogelarten, die bis auf einige Greifvögel keine natürlichen Feinde wie Ratten, Wiesel oder Katzen hatten. Dadurch entwickelten sich im Laufe der Zeit die Flügel vieler Vögel zurück. Der wohl bekannteste flugunfähige Vogel ist der Kiwi, das National- und Wappentier des Landes.

Mit Ankunft der Maori und später auch der Europäer veränderte sich die Tierwelt Neuseelands dramatisch. Mitgebrachte Tiere und das Abholzen der Wälder verursachten das Aussterben zahlreicher einheimischer Tierarten. Viele der eingeführten Tiere, wie das australische Possum, wurden zur Plage.

Im Meer und vor der Küste Neuseelands leben zahlreiche Wale, Delfine, Pinguine und Seebären. Auch drei Arten von Seeschlangen sind hier zu finden. Im Gegensatz zu Australien gibt es in Neuseeland jedoch keine terrestrischen Schlangen.

Pflanzenwelt

Durch seine Abgeschiedenheit hat sich auf Neuseeland über Millionen von Jahren eine einzigartige Pflanzenwelt mit riesigen Farnen, immergrünen Bäumen, bunten Blumen und dichten Sträuchern entwickelt. 85 Prozent der hier vorkommenden Pflanzen gibt es nur in Neuseeland.

Ursprünglich bedeckten grüne Wälder einen Großteil des Landes, die jedoch von den Siedlern für Ackerbau und Viehzucht gerodet wurden. Heute sind nur noch 24 Prozent des Landes bewaldet.

Besonders beeindruckend sind die Kauri-Bäume, die nur noch selten im Norden Neuseelands vorkommen. Die riesigen Bäume können bis zu 50 Meter hoch und 4.000 Jahre alt werden. Typisch für Neuseeland sind auch die verschiedenen Baumfarne. Der bekannteste Farn ist der Silberfarn, der oft in Firmenlogos und auf Trikots neuseeländischer Sportler zu sehen ist.

Die Westküste der Südinsel wird von dichtem Regenwald bewachsen, der zum Teil bis an die dort vorkommenden Gletscher heranreicht. Das Landesinnere ist von Tussock-Grasland geprägt.

Klima

Da Neuseeland auf der südlichen Erdhalbkugel liegt, sind die Jahreszeiten den Deutschen entgegengesetzt. So ist von September bis November Frühling, von Dezember bis Februar Sommer, von März bis Mai Herbst und von Juni bis August Winter.

In den meisten Teilen Neuseelands herrscht ein gemäßigtes Klima mit milden Temperaturen, mäßigen Regenfällen und viel Sonnenschein. Das Wetter wird von den Bergen und vom Meer bestimmt und ist oft wechselhaft. Es kann sich durch kalte Polarluft oder tropische Wirbelstürme jederzeit ändern und ist mit dem in Deutschland bekannten Aprilwetter vergleichbar.

Die Sommer auf der Nordinsel sind warm und sonnig, die Winter mild und verregnet. Im Süden der Nordinsel ist es meist windig und dadurch etwas kühler. Die Hauptstadt Wellington wird deshalb auch Windy City genannt. Die Tagestemperaturen liegen im Sommer zwischen 20 und 30 Grad Celsius, im Winter zwischen 10 und 17 Grad. Nachts sinken die Temperaturen im Sommer auf bis 5 Grad Celsius, im Winter auf bis zu 0 Grad.

Das Klima auf der Südinsel wird von den Neuseeländischen Alpen bestimmt, die sich von Nord nach Süd durch die Mitte der Insel ziehen. Da die Wolken meist aus westlicher Richtung kommen und nicht über die Gipfel der Bergkette gelangen, regnet es nur westlich der Alpen. Dies hat zur Folge, dass der Westen der Südinsel eine der regnerischsten Regionen der Welt ist. Die Ostküste dagegen ist aufgrund des Regenmangels extrem trocken. Die Tagestemperaturen auf der Südinsel liegen im Winter bei 5 bis 15 Grad Celsius, die Nachttemperaturen bei -5 bis 10 Grad. Im Sommer steigen die Temperaturen am Tag auf 15 bis 30 Grad Celsius und liegen nachts bei 5 bis 15 Grad. Im Gebirge herrscht raues Klima mit kühleren Temperaturen. Im Winter fällt häufig Schnee.

Beste Reisezeit

Durch das milde Klima ist Neuseeland das ganze Jahr über ein ideales Reiseziel. Die beliebteste Reisezeit ist der Sommer, von Dezember bis Februar, wenn die Sonne scheint und die Temperaturen am höchsten sind. Während dieser Zeit sind alle Outdoor-Aktivitäten, wie Wandern, Rafting, Schnorcheln, Tauchen, Kajakfahren, usw. ohne Einschränkungen möglich.

In den Wintermonaten von Juni bis August ist es deutlich kühler. Vor allem auf der Nordinsel fällt während dieser Zeit viel Regen. In den Bergregionen liegt im Winter genügend Schnee, um verschiedene Winteraktivitäten auszuüben. Obwohl es auf der Südinsel insgesamt kühler ist als auf der Nordinsel, fällt hier nur wenig Regen. Daher sind die Wintermonate der ideale Zeitpunkt um Gletscher und Berge auf der Südinsel zu besuchen.

In den großen Städten des Landes kann man das ganze Jahr über Arbeit finden. In kleineren Orten werden vor allem Aushilfsjobs in der Gastronomie und der Tourismusbranche angeboten. Während der Hauptsaison werden die meisten Arbeitskräfte gesucht. Jobs im landwirtschaftlichen Bereich, wie Obst pflücken und Gemüse ernten, sind das ganze Jahr über erhältlich. Im Winter werden in den Skigebieten Kellner, Putzhilfen Ski- und Snowboardlehrer benötigt.

Die Neuseeländer

Die Neuseeländer, oder Kiwis, wie sie sich selbst gern nennen, sind freundlich, aufgeschlossen und hilfsbereit. Wenn es nicht gerade regnet, verbringen sie ihre Freizeit draußen in der freien Natur beim Angeln, Surfen oder Radfahren. Die meisten Kiwis betreiben zudem mindestens eine Sportart aktiv und sind auch als passive Fans begeisterte Zuschauer. Gern sitzen sie bei reichlich Bier vor dem Fernsehapparat, um ein Rugby- oder Cricketspiel zu verfolgen.

Wenn sie sich begrüßen, ist es üblich, „How are you?" (Wie geht's Dir?) zu fragen. Nicht nur unter Freunden, auch im Supermarkt, in Bussen oder an der Rezeption eines Hostels wird gefragt, wie es einem geht. Die Frage nach dem Befinden mag ungewohnt erscheinen, ist aber in Neuseeland völlig normal. Ein einfaches „Fine, thank you." (Gut, danke.) wäre in diesem Fall die richtige Antwort, auch wenn es einem nicht gut geht.

Die meisten Kiwis führen einen unbeschwerten und entspannten Lebensstil. Hektik und Stress gehören nicht dazu. Die lockere, gelassene Einstellung zieht sich durch alle Bereiche des täglichen Lebens. Selbst die Kleidung der Kiwis ist entspannt. T-Shirt, Shorts und Flip Flops gehören zur Standardausrüstung. Wer keine Flip Flops tragen möchte, geht einfach barfuß. Arbeit nimmt man ausgesprochen ernst. Die Neuseeländer sind hart arbeitende Menschen und haben die längste Arbeitszeit aller Industrieländer.

Obwohl die Neuseeländer am Ende der Welt leben, sind viele von ihnen weit gereist. Die meisten Jugendlichen verlassen Neuseeland für ihre „Big OE" (Big Overseas Experience) und reisen mit dem Rucksack durch Asien oder arbeiten für ein Jahr in England. Viele lernen erst nach ihrer Rückkehr das Land, in dem sie aufgewachsen sind zu schätzen.

Die Maori

Die Maori sind die Ureinwohner Neuseelands. Sie waren die ersten Menschen, die das Land vor etwa 1.000 Jahren besiedelten. Heute sind 14 Prozent der neuseeländischen Bevölkerung Maori. Sie sind weitgehend in die moderne Welt integriert. Ihre Sprache und Kultur ist dennoch allgegenwärtig. Sichtbar ist dies vor allem in Form von Kunst, wie Schnitzereien, Webartikeln und Tätowierungen, aber auch an Städtenamen in Maori und Ritualtänzen, wie dem Haka, der auch von der neuseeländischen Rugby Nationalmannschaft, den All Blacks, vor jedem Länderspiel aufgeführt wird.

Der neuseeländische Dialekt

Der neuseeländische Dialekt ist eng verwandt mit dem australischen Englisch. Er geht vor allem auf die ersten Siedler aus England und Schottland zurück und ist stark von Einflüssen der Maori-Sprache geprägt.

Typisch für den neuseeländischen Dialekt sind die lang gezogenen Vokale. Besonders auffällig ist dies bei dem Buchstaben „e", der eher wie ein „i" ausgesprochen wird. So klingt „pen" wie „pien", „yes" wie „yies" und „ten" wie „tien". Das kurze „i" dagegen klingt ähnlich, wie das „a" im deutschen Füllwort „ahm". So wird z. B. aus „fish and chips" „fash en chaps". Am Ende eines Satzes wird of die Stimme gehoben, was den Satz wie eine Frage klingen lässt. Auf der Nordinsel wird gerne noch ein „ey" ans Satzende angehängt, was diesen Effekt noch verstärkt.

Umgang mit Touristen

Die meisten Neuseeländer sind freundlich, aufgeschlossen und hilfsbereit. Schnell kommt man mit ihnen ins Gespräch, sei es an der Kasse im Supermarkt, während einer Fahrt im Bus oder bei einem Glas Bier im Pub. Wer Hilfe suchend aussieht, muss nicht lange warten, bis ein Neuseeländer seine Hilfe anbietet. Neuankömmlinge werden schnell in die neuseeländische Familie aufgenommen und zum Grillen, ins Pub oder auf Partys eingeladen. Durch diese Offenheit machen sich die Neuseeländer schnell Freunde. Dank ihrer Gelassenheit sind sie sehr ausgeglichen und geht doch mal etwas schief hört man schnell den Spruch „Take it easy, bro." (Ganz ruhig, Bruder.)

Gefahren

Kriminalität

Neuseeland gilt als ein sehr sicheres Reiseland. Selbst Frauen können ohne Probleme alleine durchs Land reisen. Vorsicht ist, wie auch in Deutschland, in großen Städten, vor allem am späten Abend und in der Nacht geboten. Zu dieser Zeit sollten abgelegene oder schlecht beleuchtete Gegenden gemieden werden. Wertgegenstände sollten nie offen herumliegen und der Rucksack immer verschlossen sein, wenn man nicht im Zimmer ist, auch wenn man nur kurz zur Toilette geht. Vor allem in Hostels kommt es aufgrund solcher Nachlässigkeiten immer wieder zu Diebstählen. Mehr Informationen zu den aktuellen Reisewarnungen und Sicherheitshinweisen für Neuseeland findet man auf der Webseite des Auswärtigen Amtes (www.auswaertiges-amt.de).

Sonne

In Neuseeland scheint die Sonne durch das Ozonloch deutlich intensiver, wodurch die Kiwis ein erhöhtes Risiko haben, an Hautkrebs zu erkranken. Aus diesem Grund gibt es viele Vorschriften, die Einwohner und Touristen vor dem unachtsamen Umgang mit der Sonne bewahren soll. Die meisten Neuseeländer halten sich an den Slogan

„Slip, Slop, Slap and Wrap.", was so viel bedeutet wie „Slip on a shirt, slop on some suncreme, slap on a hat and wrap on a pair of sunglasses." (Streife ein T-Shirt über, trage Sonnencreme auf, setzte einen Hut auf und trage eine Sonnenbrille.). Auch Backpacker sollten dem Slogan folgen. Es empfiehlt sich einen Hut mit breiter Krempe, eine Sonnenbrille und ein T-Shirt zu tragen, das die Schultern bedeckt. Auch bei bewölktem Himmel sollte man sich mit Sonnencreme mit LSF 30+ eincremen und regelmäßig nachcremen.

Quarantäne

Die Quarantänebestimmungen Neuseelands tragen dazu bei, das Land vor Krankheiten und Schädlingen zu schützen. Bei der Ankunft am Flughafen kontrollieren Biosecurity Inspekteure daher sämtliches Gepäck mit elektronischen Überwachungsgeräten, Suchhunden und Gepäckstichproben um Produkte zu finden, die ein hohes Risiko für die Umwelt darstellen. Dazu zählen Lebensmittel, Pflanzen- und Tiermaterial, aber auch schmutzige Wanderschuhe und benutzte Campingausrüstung.

Die Produkte und Gegenstände werden von den Beamten noch am Flughafen überprüft. In den meisten Fällen werden diese nach der Inspektion wieder ausgehändigt. Produkte mit einem Krankheits- oder Schädlingsrisiko werden einbehalten und vernichtet oder können durch eine Behandlung unschädlich gemacht werden.

Bereits vor der Landung werden im Flugzeug Einreisekarten für Passagiere (Passenger Arrival Cards) ausgehändigt. Wer Lebensmittel, Pflanzen- oder Tierprodukte dabei hat, muss dies auf der Karte ankreuzen. Gegenstände und Produkte, die nicht deklariert werden sollen, können in die Quarantänetonnen am Flughafen geworfen werden.

Werden quarantänepflichtige Produkte und Gegenstände bei der Einreise nicht deklariert oder werden falsche Angaben gemacht, drohen Geldstrafen von mindestens 400 NZD (260 EUR). Bei schweren Vergehen riskiert man Geldbußen bis zu 100.000 NZD (65.800 EUR) und/oder eine Freiheitsstrafe von fünf Jahren. Eine Strafe erfolgt nur, wenn deklarierungspflichtige Produkte nicht deklariert werden. Keiner wird bestraft, wenn etwas deklariert wird. Wer sich unsicher ist, ob etwas deklariert werden muss oder nicht, kann einen Biosecurity Kontrolleur vor Ort fragen.

Die folgende Liste enthält Produkte und Gegenstände, die bei der Einreise deklariert werden müssen. Eine detaillierte Liste findet man auf der Webseite des neuseeländischen Ministeriums für Primärindustrie (www.biosecurity.govt.nz).

Nahrungsmittel

Rohe, gekochte und getrocknete Nahrungsmittel bzw. Zutaten sowie abgepackte Speisen, Snacks, Süßwaren, Kuchen, Kekse, Kräuter, Gewürze, Kaffee, Tee, Milchprodukte, Eier, Fleisch, Wurst, Samen, Nüsse, Popkorn, Obst, Gemüse, Honig und Medikamente.

Tierprodukte

Tiere, Tierhaar, Wolle, Federn (auch Daunenschlafsäcke und Reisekissen), Felle, Pelze, Muscheln und Korallen (auch Schmuck), Bienenwachs und benutzte Ausrüstung für Tiere (z. B. Käfige).

Pflanzenprodukte

Pflanzen, frische oder getrocknete Blumen, Matten und Taschen aus pflanzlichem Material, Strohprodukte (z. B. Strohhüte), Körbe, Schalen, Dekoration, Gestecke, Holzgegenstände und Schnitzereien.

Sonstiges

Gebrauchte Sport- und Campingausrüstung, mit Erde beschmutze Schuhe und Kleidung, gebrauchte Fahrräder und Angelzubehör.

Informationsquellen

Quellen für die Informationsbeschaffung bilden nicht nur das Internet und verschiedene Reiseführer. Auch Empfehlungen durch Freunde, Bekannte oder andere Backpacker, Anzeigen am Schwarzen Brett, Reisebüros und Backpackermagazine können für die Informationsbeschaffung genutzt werden. Nachfolgend werden die wichtigsten Informationsquellen genauer beschrieben.

Reiseführer

In jeden Rucksack gehört neben Reisepass und Flugticket auch ein guter Reiseführer. Die meisten Reiseführer von heute sind sehr informativ und detailliert geschrieben. Neben Infos zu Land und Leuten enthalten sie oft auch Hintergrundinformationen zu Sehenswürdigkeiten, Geschichte, Politik und Kultur des Landes. Backpacker sollten auf Reiseführer zurückgreifen, die sich auf Individualreisende spezialisiert haben, wie z. B. Lonely Planet (www.lonelyplanet.de), Rough Guides (www.roughguides.com) oder Reise Know-How (www.reise-know-how.de).

Die Reiseführer aus dem Hause Lonely Planet gelten auch 40 Jahre nach ihrer ersten Veröffentlichung noch immer als die Bibel für Individualreisende. Der mehr als 800 Seiten starke Lonely Planet für Neuseeland deckt das gesamte Land ab und enthält neben einem äußerst praktischen Kartenteil auch jede Menge Hinweise und Tipps für Backpacker mit kleinem Budget sowie günstige Unterkünfte, gute Restaurants und verschiedene Transportmöglichkeiten.

Touristeninformation

Fast jeder Ort hat ein Touristeninformationszentrum, in dem kostenlose Stadtpläne und Landkarten, aber auch Infoblätter, Broschüren und Prospekte für beliebte Ausflugsziele in der Region erhältlich sind. Die Mitarbeiter können außerdem Fragen beantworten und Reisen oder Ausflüge buchen.

Schwarzes Brett

Ein Schwarzes Brett lässt sich in fast jedem Hostel oder Backpackerreisebüro finden. Die meisten dieser Bretter sind mit unzähligen Anzeigen gefüllt: Der eine verkauft sein Auto, der andere sucht eine

Mitfahrgelegenheit und der nächste bietet ein WG-Zimmer an. Auch Arbeitgeber suchen auf diesem Weg häufig arbeitswillige Backpacker. Obwohl sie übersät mit unübersichtlich angebrachten Anzeigen und nicht immer auf dem aktuellsten Stand sind, können Schwarze Bretter eine wahre Fundgrube für Backpacker sein.

Backpackermagazine

Jeden Monat erscheinen speziell für Backpacker diverse Magazine, die kostenlos in Hostels, Backpackerbüros, Pubs und Internetcafés ausliegen. Die Hefte sind voll mit Werbung und Anzeigen für Jobs, Unterkünfte, Abenteuertouren, Reisetipps, Veranstaltungen u. v. m. Zu den bekanntesten Heften gehören:

TNT Magazine (www.tntdownunder.com)
Backpackers News (www.backpackersnews.co.nz)
Safari Pete (www.safaripete.com)

Wer bereits vor Reiseantritt einen Blick in ein paar dieser Hefte werfen möchte, kann auf der Webseite von TNT und Backpackers News in der jeweils aktuellen Ausgabe blättern.

Backpackerreisebüros

Backpackerreisebüros sind eine wichtige Informationsquelle für Individualreisende und Work & Travel Teilnehmer. Sie sind in allen größeren Städten Neuseelands zu finden, manchmal sogar direkt im Hostel. In allen Büros können Reisen organisiert und Abenteuertouren gebucht werden. Jobs, WGs und Mitfahrgelegenheiten können über die Aushänge am Schwarzen Brett gefunden werden. Da sich die Angebote der Reisebüros hauptsächlich an Backpacker und Studenten richten, können die Mitarbeiter auch bei allgemeinen Fragen rund ums Thema Reisen weiterhelfen.

Internet

Zugang zum Internet hat man in Neuseeland fast überall. Internetcafés sind in jeder Stadt zu finden, in kleinen Orten hat wenigstens ein Ladengeschäft oder ein Pub ein paar Computer in der Ecke stehen, an denen gesurft werden kann. Die Kosten liegen bei 4 bis 6 NZD (2,50 – 4 EUR) pro Stunde. In ländlichen Gegenden zahlt man oft mehr. Günstiger sind Backpackerreisebüros. Viele bieten kostenloses Surfen von 15 bis 30 Minuten an, in der Hoffnung, dass ein Backpacker gleich noch eine Abenteuertour bucht. Auch Hostels bieten oft Gratiszugang zum Internet an, entweder beim Einchecken oder durch tägliche Freiminuten. Vor allem in Städten mit vielen Hostels sind solche Angebote zu finden. Bibliotheken bieten preiswerten oder sogar kostenlosen Internetzugang für Besucher an. Allerdings sind die Rechner dort vorrangig für die Recherche gedacht und nicht für Backpacker, die ihre E-Mails lesen wollen. Häufig ist für die Internetnutzung in Bibliotheken zudem eine Voranmeldung nötig und bei hochfrequentierten Orten kann es zu Wartezeiten von mehreren Tagen kommen.

Wer sein eigenes Notebook dabei hat, kann kostenlos über WLAN, auch WiFi genannt, surfen. Cafés, Pubs und Imbissketten, wie Mc Donalds oder Starbucks, gewähren ihren Kunden meist kostenlosen Internetzugang. Beide haben zahlreiche Filialen in Neuseeland und bieten so für Backpacker ein flächendeckendes Internet-Netz an. Kostenlose WiFi Hotspots findet man auf den Websites Free WiFi Wiki (www.freewifiwiki.net) und Hotspot Locations (www.hotspot-locations.com). Auch mehr und mehr Hostels stellen Gratis-Zugang zum Internet per WiFi zur Verfügung.

Zeitungen

In verschiedenen Tageszeitungen kann man sich über die aktuellen Ereignisse in Neuseeland und dem Rest der Welt informieren. Zu den wichtigsten Tageszeitungen gehören The New Zealand Herald (www.nzherald.co.nz), The Press (www.stuff.co.nz/the-press) und The Dominion Post (www.stuff.co.nz/dominion-post). In einigen Städten sind kostenlose Tageszeitungen an Bus- und Bahnhaltestellen erhältlich. Darüber hinaus gibt es auch zahlreiche regional erscheinende Tages- und Wochenzeitungen mit lokaler Berichterstattung.

Mundpropaganda

Eine der besten Informationsquellen sind andere Backpacker. Über sie erfährt man, welche Orte sehenswert sind, welche Hostels gut und günstig sind, wo Arbeitskräfte gesucht werden oder wo ein WG-Zimmer frei ist. So mancher Backpacker hat noch den einen oder anderen Insider-Tipp und verrät, wo im Ort die beste Bar oder das beste Restaurant zu finden ist.

Es ist wichtig, nicht schüchtern zu sein. Die meisten Backpacker freuen sich über Kontakt zu Gleichgesinnten und geben gerne Tipps. In der Küche oder in den Aufenthaltsräumen kommt man schnell mit anderen Reisenden ins Gespräch.

Wohnen

In ganz Neuseeland kann man preisgünstige Übernachtungsmöglichkeiten finden. In diesem Abschnitt werden die günstigsten und beliebtesten Übernachtungsmöglichkeiten vorgestellt.

Hostels

Hostels sind preisgünstige Unterkünfte, die sich speziell an Backpacker und Individualreisende mit niedrigem Budget richten. Sie sind in großen Städten und touristisch interessanten Orten zu finden. Viele der Hostels gehören Netzwerken an, von denen die folgenden die Bekanntesten sind:

Budget Backpacker Hostels

Mit über 300 unabhängig geführten Hostels ist BBH – Bugdet Backpacker Hostels (www.bbh.co.nz) das größte Hostelnetzwerk Neuseelands. In jeder größeren Stadt und in bekannten Touristenzentren sind günstige Hostels zu finden. Mitglieder erhalten mindestens 3 NZD (2 EUR) Rabatt auf den regulären Übernachtungspreis. Weitere Rabatte gibt es bei Bus- und Tourunternehmen und verschiedenen Outdoor-Aktivitäten. Die Mitgliedskarte kostet 45 NZD (30 EUR) und ist ein Jahr gültig. Im Preis enthalten ist eine Telefonkarte im Wert von 20 NZD (13 EUR) sowie der jährlich erscheinende BBH Accommodation Guide, in dem alle Unterkünfte aufgeführt und von ehemaligen Gästen bewertet werden. Die Karte ist in allen BBH Hostels erhältlich.

YHA New Zealand

Die YHA Hostels (www.yha.co.nz) gehören dem Nationalen Neuseeländischen Jugendherbergsverband an und sind Mitglied von Hostelling International (www.hihostels.com), dem weltgrößten Hostelnetzwerk. Über 50 YHA Hostels gibt es in Neuseeland. In jeder größeren Stadt ist mindestens ein Hostel zu finden. Die Preise sind meist etwas höher als in anderen Hostels. Da die YHA Hostels regelmäßigen Kontrollen des regionalen Jugendherbergsverbandes unterliegen, ist der Standard aber normalerweise sehr gut. Aufgrund der höheren Preise sind die Gäste meist etwas älter, wodurch diese Hostels generell etwas ruhiger sind. YHA Mitglieder erhalten pro Bett und Nacht ca. 3 NZD (2 EUR) Rabatt.

VIP Backpackers

Das VIP Backpacker Netzwerk (www.vipbackpackers.com) ist ein Zusammenschluss unabhängiger Hostels. Die Hostels werden von den Eigentümern selbst bewirtschaftet und unterliegen keiner Kontrolle eines Verbandes, wie die YHA Hostels. Dadurch kann ein gewisser Standard nicht garantiert werden. Über 70 VIP Hostels sind in ganz Neuseeland zu finden. Oft sind sie etwas teuerer als unabhängige Hostels, aber preiswerter als YHA Hostels. Mitglieder erhalten pro Bett und Nacht ca. 1 NZD (0,65 EUR) Rabatt.

Nomads World

Das Nomads Netzwerk (www.nomadsworld.com) ist das kleinste Hostelnetzwerk in Neuseeland. Das Hostelangebot beschränkt sich auf Auckland, Taupo, Rotorua, Waitomo, Wellington, Kaiteri und Queenstown. Auch hier erhalten Mitglieder pro Bett und Nacht 1 NZD (0,65 EUR) Rabatt.

Zur Ausstattung eines Hostels in Neuseeland gehören Rezeption, Gemeinschaftsküche, Aufenthaltsräume, Schlafräume, Duschen, Toiletten und Waschräume. Einige Hostels haben sogar eigene Cafés, Bars, Restaurants und Reisebüros. In kleinen Orten ist häufig ein Garten mit Sitzmöglichkeiten zu finden. Ein Aufenthaltsraum bzw. Fernsehraum ist in fast jedem Hostel zu finden und ist neben der Küche ein beliebter Ort um andere Leute kennenzulernen. Die meisten Hostels haben Computer mit Internetzugang. In einigen Hostels ist der Zugang zum Internet kostenlos, in anderen muss dafür bezahlt werden. Wireless ist in mehr und mehr Hostels im Aufenthaltsraum, manchmal auch in den Zimmern zu finden. Allerdings ist der Service nicht immer kostenlos.

Hostels bieten neben Einzelzimmer (single room), Doppelzimmer (double room) und Zweibettzimmer (twin room), hauptsächlich Schlafplätze im Mehrbettzimmer (dormitory, auch dorm) an, in denen Gäste meist in Doppelstockbetten (bunkbeds) schlafen. Die Schlafsäle können je nach Hostel unterschiedlich groß sein. Oft befinden sich vier bis sechs Betten, also zwei bis drei Doppelstockbetten in einem Zimmer. Die Anzahl der Betten ist jedoch nach oben offen. Einige Hostels haben Zimmer mit 10 oder 20 Betten pro Zimmer. In fast allen Hostels sind die Schlafräume gemischt, das heißt Männer und Frauen schlafen im gleichen Zimmer. Mehr und mehr Hostels bieten jedoch einen extra Schlafraum nur für Frauen an. Bettwäsche ist entweder im Preis für die Übernachtung enthalten oder kann gegen eine geringe Gebühr von ca. 4 bis 8 NZD (2,50 bis 5,50 EUR) geliehen werden. Das Benutzen von Schlafsäcken ist wegen der möglichen Verbreitung von Bettwanzen in einigen Hostels nicht mehr erlaubt. Ein dünner Baumwoll- oder Seidenschlafsack darf aber normalerweise genutzt werden. Die Duschen und Toiletten werden überwiegend gemeinschaftlich genutzt. Meist befinden sie sich auf dem Gang und sind nicht immer nach Geschlechtern getrennt.

Die Gemeinschaftsküchen der Hostels sind mit allen wichtigen Küchenutensilien ausgestattet. In einigen Hostels erhält man Pfannen, Töpfe und Geschirr nur gegen einen Pfand, der bei der Abreise zurückerstattet wird. Die Gäste sind grundsätzlich selbst für den Abwasch verantwortlich. Spülmaschinen gibt es nur selten. Eigene Lebensmittel können im Kühlschrank oder in Regalen aufbewahrt werden. Die Lebensmittel sollten mit Name und aktuellem Datum gekennzeichnet werden, damit sie nicht vom Hostelpersonal wegen der Gefahr des Verderbens weggeworfen werden. In den meisten Hostels ist auch ein Fach für kostenlose Lebensmittel zu finden, in dem abgereiste Backpacker Lebensmittel zurückgelassen haben, an denen sich jeder bedienen kann.

Waschmaschinen und Trockner sind in fast allen Hostels vorhanden. Sollte kein Waschraum zur Verfügung stehen, ist in der Regel ein Waschsaloon nicht weit vom Hostel entfernt. Waschmaschinen und Trockner funktionieren fast immer per Münzeinwurf. Waschpulver kann an der Rezeption gekauft oder im Waschraum aus einem Automaten gezogen werden. Die meisten Waschmaschinen waschen mit kaltem Wasser, egal, mit welchem Programm gewaschen wird. Ist ein Garten vorhanden, kann die Wäsche im Freien getrocknet werden, allerdings kommen dabei häufig Kleidungsstücke abhanden. Bügeleisen und Bügelbrett können in vielen Hostels an der Rezeption ausgeliehen werden.

An der Hostelrezeption liegen Stadtpläne, Broschüren und Backpackermagazine aus. Ausflüge und Abenteuertouren können direkt an der Rezeption oder im hauseigenen Reisebüro gebucht werden. In vielen Hostels ist bei der Rezeption auch ein Schwarzes Brett für Nachrichten, Gesuche und Angebote zu finden. Beim Einschecken wird ein Pfand von einigen Dollar für den Zimmerschlüssel bzw. die Chipkarte verlangt, der aber bei der Abreise wieder zurückerstattet wird.

Da es in Hostels immer wieder zu Diebstählen kommt, findet man in den Zimmern häufig Schließfächer, in denen Gäste Wertsachen oder sogar den kompletten Rucksack einschließen können. Sind keine Schließfächer vorhanden, können Wertsachen normalerweise an der Rezeption abgegeben werden. Die Aufbewahrung von Gepäck in einem Gepäckraum ist in fast allen Hostels möglich und ist ideal, wenn man früh auscheckt und erst abends weiterreist oder eine mehrtägige Tour unternimmt.

Je nach Hostel sind mehr oder weniger Extras enthalten. Viele Hostels bieten einen kostenlosen Abholservice von der Bushaltestelle oder dem Bahnhof an, der bei der Reservierung gebucht werden kann. In großen Städten und bekannten Orten stehen die Autos der Hostels bereits bei der Ankunft von Bussen oder Zügen an der Haltestelle, um Gäste zu werben und ins Hostel zu fahren. Eine Abholung vom Flughafen wird eher selten angeboten, da die Stadtzentren meist gut mit Flughafenbussen zu erreichen sind.

In manchen Hostels wird Frühstück im Gemeinschaftsraum angeboten. Ist das Frühstück nicht im Preis für die Übernachtung enthalten, kann es oft separat bezahlt werden. Für ein paar Dollar erhält man ein kontinentales Frühstück, dass meist aus einer Tasse Kaffee oder Tee, zwei Scheiben Toast mit Marmelade und einer Schüssel Cornflakes besteht.

Die Preise für einen Schlafplatz im Hostel variieren je nach Ausstattung, Lage und Saison. Ein Bett im Schlafsaal kostet zwischen 20 und 30 NZD (13 und 20 EUR) pro Nacht. Werden von einem Hostel verschieden große Schlafsäle angeboten, sind die Zimmer mit den meisten Betten in der Regel am günstigsten. Preise für Doppel- und Zweibettzimmer werden immer pro Zimmer angegeben, nicht pro Bett. Ein einfaches Doppel- bzw. Zweibettzimmer im Hostel ist ab 50 NZD (32 EUR) erhältlich. Der Durchschnitt liegt bei 60 bis 80 NZD (40 bis 55 EUR) pro Zimmer pro Nacht. Einzelzimmer sind ab 40 NZD (25 EUR) erhältlich.

Viele Hostels bieten günstige Wochentarife an. Meist müssen nur sechs Nächte bezahlt werden und die siebente Nacht ist gratis. Eine Rückerstattung des Geldes ist allerdings nicht üblich, sollte man doch vorzeitig abreisen. Vergünstigungen erhält man auch mit einer Mitgliedskarte der Hostelnetzwerke BBH, YHA Hostels, VIP Backpackers oder Nomads World, die neben den Rabatten für Übernachtungen auch Rabatte und Vergünstigungen für andere Reiseprodukte wie Zugtickets, Bustickets oder Abenteuertouren enthalten. Eine Mitgliedskarte für mehrere Netzwerke zu kaufen ist nicht nötig, wenn man sich vorher überleget in welchen Hostels man hauptsächlich übernachten wird. Die Rabatte sind insgesamt alle ähnlich. Zu bedenken gilt auch, dass alle Hostels auch ohne Mitgliedschaft genutzt werden können und es jede Menge gute unabhängige Hostels oft zu günstigeren Preisen gibt. Alle Rabatte, wie Vergünstigungen für Zugtickets oder Abenteuertouren sind auch mit der kostengünstigen ISIC-Karte (www.isic.org) erhältlich.

Es ist ratsam, ein Bett im Hostel ein paar Tage vor der Anreise zu reservieren. Vor allem populäre Hostels sind schnell ausgebucht. Wer länger an einem Ort bleiben möchte, kann die ersten zwei Nächte im Voraus vorbuchen und den Aufenthalt dann vor Ort verlängern oder sich eine andere Unterkunft suchen. Die meisten Hostels haben kein Problem damit, wenn man sich vor der Bezahlung erst das Zimmer ansieht. Wer seine Work & Travel Reise selbst organisiert, sollte noch vor der Abreise aus Deutschland für die ersten zwei bis drei Nächte ein Hostel im Ankunftsort buchen. Reservierungen sind für fast alle Hostels per Internet möglich.

Namen und Adressen von Hostels findet man in jedem guten Reiseführer, wie dem Lonely Planet (www.lonelyplanet.com). Die Preise sind trotz neuester Auflage nicht immer aktuell, doch werden gute Hostels empfohlen und vor schlechten gewarnt. Aktuelle Preise und Anzeigen vieler Hostels sind in den kostenlosen Backpackermagazinen, wie TNT Magazine (www.tntdownunder.com), zu finden. Nicht zuletzt sind Backpacker eine gute Quelle für Hostelempfehlungen.

Wohngemeinschaften

Bleibt man für längere Zeit an einem Ort, um z. B. einem Job nachzugehen oder eine Sprachschule zu besuchen, ist ein Zimmer in einer Wohngemeinschaft (WG) oft die beste Wahl. Ein WG-Zimmer bekommt man schon für 120 bis 180 NZD (80 bis 115 EUR) pro Person und Woche, was in etwa dem Preis für ein Bett im Hostel entspricht. Meistens ist ein WG-Zimmer auf Dauer sogar billiger als ein Hostel. Darüber hinaus empfinden es viele Backpacker angenehmer ein Haus oder eine Wohnung mit ein paar Leuten zu teilen, als ein Hostelzimmer, in dem die Mitbewohner täglich wechseln. Wer Glück hat und sich mit seinen Mitbewohnern versteht, ist außerdem direkt in ein soziales Umfeld integriert.

Anzeigen für WG-Zimmer findet man an den Schwarzen Brettern in Hostels, Backpackerreisebüros oder Universitäten, in den Tageszeitungen (hauptsächlich mittwochs und samstags) und im Internet auf Easy Roommate (www.easyroommate.co.nz), Share accommodation (www.share-accommodation.co.nz), Gumtree (www.gumtree.co.nz) oder nzflatmates (www.nzflatmates.co.nz).

Wer in Neuseeland eine eigene WG gründen möchte, muss einiges beachten: Die Größe des Hauses oder der Wohnung wird in Zimmern angegeben. Dabei werden nur Schlafzimmer aufgezählt, ein Wohnbereich ist immer vorhanden. Ein „two bedroom" Haus hat also drei Zimmer. Häuser und Wohnungen, die gemietet werden können, sind fast immer möbliert. Die Mietkosten werden pro Woche angegeben, und wöchentlich oder zweiwöchentlich, manchmal auch monatlich bezahlt. Es gibt zwei Arten von Mietverträgen: befristete und unbefristete Mietverträge. Ein unbefristeter Mietvertrag wird normalerweise über mindestens sechs, meist jedoch zwölf Monate abgeschlossen. Die Kündigungsfrist eines unbefristeten Mietvertrages beträgt 21 Tage. Mieter müssen eine Kaution von zwei bis vier Wochenmieten hinterlegen. Ist das Haus oder die Wohnung beim Auszug in einem einwandfreien Zustand, wird die Kaution zurückgezahlt. Die Kosten für Wasser, Strom und Gas sind manchmal im Mietpreis enthalten. Zukünftige Mieter benötigen Bewerbungsbogen, Beschäftigungsnachweis, Einkommensnachweis und Referenzen früherer Vermieter in Neuseeland. Wird ein Haus oder eine Wohnung über einen Makler (Real Estate Agents) gemietet, fallen Vermittlungsgebühren in Höhe von einer Wochenmiete an. Die Vermittlungsgebühren zahlt der Mieter.

Campen

Campen ist die kostengünstige Alternative zum Hostel, vor allem in ländlichen Gebieten, Ernteregionen und Nationalparks.

Bis 2011 war es möglich, fast überall in Neuseeland kostenlos zu campen oder über Nacht zu parken. Mit dem Freedom Camping Act hat sich dies jedoch geändert. Touristen müssen jetzt mit Strafen von mindestens 200 NZD (130 EUR) rechnen, wenn sie an Orten campen, an denen es verboten ist. Wild campen ist zwar weiterhin erlaubt, allerdings in vielen Gegenden nicht mehr möglich.

Das Department of Conservation DOC (www.doc.govt.nz) betreibt über 200 Campingplätze in Neuseeland, die für Fahrzeuge zugänglich sind. Einfache Campsites (Basic Campsites) sind kostenlos, haben jedoch nur einfache Toiletten und Frischwasser. Campingplätze mit Standardausstattung (Standard Campsites) sind mit Plumpsklo, kaltem Wasser, Feuerstellen, Tischen und Bänken ausgestattet und kosten 6 NZD (3,80 EUR) pro Nacht. Bewirtschaftete Campingplätze (Serviced Campsites) verfügen über Toiletten mit Wasserspülung, warmes Wasser, Duschen, Mülleimer, Waschmaschinen, Grillplätze, Tische und Bänke und kosten 15 NZD (9,70 EUR) pro Nacht. Die Bezahlung läuft meist über eine Vertrauenskasse, in der Anmeldeformulare zur Selbstregistrierung liegen und in die auch das Geld eingeworfen wird. Manchmal kommt auch ein Mitarbeiter zum Abkassieren vorbei. Kostenlose Broschüren, in denen alle Campingplätze aufgelistet und beschrieben sind, sind beim Department of Conservation erhältlich.

Neben den vom DOC betriebenen Campingplätzen gibt es noch zahlreiche private Campingplätze (Holiday Parks), auf denen man günstig übernachten kann. Fast alle Plätze haben Toiletten mit Wasserspülung, Duschen, Waschräume, Waschmaschinen, Gemeinschaftsküchen, Grillplätze, Spiele- und Fernsehzimmer. Ein Stellplatz auf einem Platz ohne Stromanschluss kostet ca. 15 bis 18 NZD (9,70 bis 11,50 EUR) pro Nacht. Stellplätze mit Stromanschluss kosten etwas mehr. Oft sind auch Hütten, Motels und Touristenwohnungen vorhanden, die gemietet werden können. Die Kosten variieren je nach Größe und Ausstattung. In kleineren Ortschaften haben meist auch Hostels eine Wiese, auf der gezeltet werden kann. Das hat den Vorteil, dass Hostelküche, WC und Dusche mitbenutzt werden können. In Großstädten ist es oft günstiger im Hostel zu übernachten, da die Campingplätze fast immer außerhalb der Stadt liegen und zusätzlich Transportkosten vom Campingplatz ins Stadtzentrum anfallen würden.

Das DOC betreibt neben seinen Campingplätzen auch etwa 950 Hütten in entlegenen Gebieten und Nationalparks, von denen viele nur zu Fuß erreichbar sind. Die Ausstattung der Hütten ist einfach. Vorhanden sind Toiletten und Frischwasser, manchmal auch Tische, Bänke und Feuerstellen. Bettwäsche, Geschirr und Klopapier müssen mitgebracht werden. Abfall kann vor Ort nicht entsorgt werden und muss wieder mitgenommen werden. Die Übernachtung in einer Hütte kostet pro Person zwischen 0 und 54 NZD (0 und 35 EUR). Tickets können im Voraus bei den DOC Visitor Centers gekauft werden. Vielwanderer können einen Backcountry Hut Pass erwerben und dadurch Geld sparen.

Couchsurfing

Auf Sofas wildfremder Menschen zu übernachten ist zwar nicht immer bequem, dafür aber kostenlos. Möglich wird dies durch Couchsurfing. Beim Couchsurfing übernachtet man gratis im Haus oder der Wohnung fremder Leute. Der Gastgeber stellt eine Couch, manchmal auch ein Bett oder sogar ein ganzes Zimmer zur Verfügung und fungiert oft auch als Tourguide. Nicht selten wird abends gemeinsam gekocht oder die Stadt entdeckt. Couchsurfing ist ideal um Einheimische kennenzulernen und Einblick in die australische Kultur zu bekommen.

Gäste und Gastgeber finden auf den Onlineportalen der jeweiligen Reisenetzwerke zueinander. Mit über drei Millionen Mitgliedern ist Couchsurfing (www.couchsurfing.com) das weltweit größte Netzwerk seiner Art. Weitere bekannte Netzwerke sind The Hospitality Club (www.hospitalityclub.org) und Global Freeloaders (www.globalfree loaders.com). Wer eine Schlafmöglichkeit sucht, kann die Gastgeber direkt über die Plattform kontaktieren. Damit der Gastgeber sich ein Bild über einen potenziellen Gast verschaffen kann, ist es ratsam, das eigene Profil vollständig auszufüllen und auch Bilder hochzuladen. Je mehr positive Bewertungen und Erfahrungsberichte ein Mitglied hat, desto einfacher wird es, einen Schlafplatz zu finden.

Sonstige

Weitere Übernachtungsmöglichkeiten findet man in Hotels, Motels, Pubs, Lodges, Guest Houses und B&Bs. Aufgrund der höheren Preise werden diese aber nur selten von Backpackern genutzt.

Kommunikation

Musste man vor 20 Jahren noch auf das Postamt um Briefe abzuholen, erlaubt heute das Internet sich über die aktuellen Geschehnisse zu Hause zu informieren und mit Freunden und Familie in Kontakt zu bleiben. Moderne Kommunikationsmittel wie Handy oder Facebook, machen den ständigen Kontakt in die Heimat möglich. Die verschiedenen Kommunikationsmittel für den Kontakt nach Deutschland und in Neuseeland werden auf den folgenden Seiten erläutert.

Telefon

Neuseeland hat ein modernes Telefonnetz. Die größte Telefongesellschaft ist Telecom New Zealand (www.telecom.co.nz). Der zweitgrößte Anbieter für Telefondienstleistungen ist TelstraClear (www.telstraclear.co.nz), eine Tochtergesellschaft von Vodafone New Zealand.

Nationale Gespräche

Orts- und Ferngespräche können von öffentlichen Telefonzellen geführt werden, die an vielen Straßenecken, in öffentlichen Gebäuden und in Kaufhäusern zu finden sind. Sie funktionieren mit Münzgeld oder Telefonkarten. Karten sind ab 5 NZD (3,20 EUR) in Zeitungsläden, auf der Post und in verschieden Geschäften erhältlich. Ein Ortsgespräch ins neuseeländische Festnetz kostet unabhängig von der Länge des Gespräches 0,50 NZD (0,32 EUR). Landesweite Gespräche fangen bei 0,50 NZD (0,32 EUR) pro Minute an. Die Kosten für Ferngespräche variieren je nach Gesprächsdauer und Anbieter.

Internationale Gespräche

Nach Neuseeland telefonieren
Durch Wählen einer Sparvorwahl vor der eigentlichen Rufnummer kann man kostengünstig nach Neuseeland telefonieren, denn die Tarife der sogenannten Call-by-Call Anbieter liegen meist deutlich unter denen der Deutschen Telekom. Die Abrechnung erfolgt über die Rechnung der Deutschen Telekom. Den günstigsten Anbieter findet man auf Billiger telefonieren (www.billiger-telefonieren.de).

Nach Deutschland telefonieren
Um kostengünstig nach Deutschland zu telefonieren, kauft man sich am besten eine Prepaid, Calling oder International Phonecard. Die Karten sind für 10, 20, 30 oder 50 NZD in Zeitungsläden, Postfilialen und vielen Geschäften erhältlich und können von allen öffentlichen Telefonzellen oder privaten Festnetzanschlüssen abtelefoniert werden. Die jeweiligen Gebühren sind auf der Rückseite der Karte aufgelistet. Über eine, manchmal kostenlose, Telefonnummer wählt man sich in das Netz des Kartenanbieters ein, gibt die Pinnummer der Karte ein und wählt anschließend die Rufnummer des gewünschten Gesprächspartners.

Der größte Anbieter solcher Telefonkarten ist CardCall (www.cardcall.co.nz), der zahlreiche Telefonkarten mit unterschiedlichen Tarifen anbietet. Telefongespräche nach Deutschland kosten mit der „Globalcall Phonecard" von CardCall nur 1,5 Cent pro Minute. Da sich die Tarife der Anbieter immer wieder ändern, lohnt sich vor dem Kauf einer Karte der Vergleich verschiedener Anbieter.

Handy

Das Handy ist nicht nur in Deutschland zum ständigen Begleiter geworden. Auch in Neuseeland gehört es mittlerweile zur Standardausrüstung vieler Backpacker. Wer in Neuseeland auf Job- oder Wohnungssuche ist, muss jederzeit telefonisch erreichbar sein, um kein Angebot zu verpassen. Da Backpacker ständig den Ort bzw. die Unterkunft wechseln und nur schwer über das Festnetz erreichbar sind, ist ein Handy für die Job- und Wohnungssuche unerlässlich.

Außerdem ist ein Handy nützlich um Hostels zu buchen, sich über aktuelle Abfahrtszeiten von Bussen zu informieren oder im Notfall für Familie und Bekannte erreichbar zu sein.

Die meisten deutschen Handys funktionieren auch in Neuseeland. Da telefonieren mit den Roaming-Tarifen der deutschen Netzanbieter aber auf Dauer teuer werden kann, empfiehlt es sich eine neuseeländische Prepaid-SIM-Karte zu kaufen, mit der billigere Gespräche geführt werden können. Bei Prepaid-Handys aus Deutschland muss darauf geachtet werden, dass das Handy keinen SIM-Lock hat, da es mit einer neuseeländischen SIM-Karte sonst nicht funktioniert. Die Prepaid-Karten der verschiedenen Anbieter sind in Handy- und Zeitungsläden erhältlich. Wer kein Handy nach Neuseeland mitbringt, kann sich vor Ort ein Prepaid-Handy-Paket kaufen. Pakete sind ab ca. 70 NZD (45 EUR) erhältlich und enthalten Handy, SIM-Karte und ein gewisses Guthaben. Preise und Leistungen der verschiedenen Anbieter können variieren und sollten vor Ort verglichen werden. Zu den etabliertesten Anbietern gehören Vodafone (www.vodafone.co.nz), 2degrees (www.2degreesmobile.co.nz) und Telecom (www.telecom.co.nz). Da Handyverträge in Neuseeland, genau wie in Deutschland, eine Mindestlaufzeit von 24 Monaten haben, lohnt sich der Abschluss eines Vertrages für Arbeitsurlauber in der Regel nicht. Auf der Nordinsel hat man über alle Anbieter guten Empfang. Auf der Südinsel gibt es außerhalb der großen Städte das eine oder andere Funkloch.

Instant Messenger

Wer mit Freunden und der Familie Kontakt halten will, kann dies über einen Instant Messenger, wie Skype (www.skype.com) oder ICQ (www.icq.com) tun. Die Funktionen der Messenger sind im Laufe der Zeit immer umfangreicher geworden. Neben Chatten können heute auch Dateien ausgetauscht und SMS-Nachrichten auf Handys gesendet werden. Auch Sprach- und Videotelefonie ist über die meisten Instant Messenger möglich. An vielen Computern in Hostels oder Internetcafés sind kostenlose Instant Messenger bereits installiert. Eine Webcam ist nicht immer vorhanden, sodass

Videotelefonie nicht immer möglich ist. Alle Messenger besitzen jedoch gute Chat-Funktionen.

Soziale Netzwerke

Soziale Netzwerke werden immer populärer. Die Zahl der Neumitglieder im größten sozialen Netzwerk der Welt, Facebook (www.facebook.com), wächst täglich. Als Backpacker wird man viele Menschen aus aller Welt kennenlernen. Facebook ist ideal, um in Kontakt mit diesen Leuten zu bleiben. Freunde können mit Fotos, Videos, Statusupdates und Kommentaren auf dem Laufenden gehalten werden. Mitglieder haben die Möglichkeit Kommentare auf Pinnwänden zu hinterlassen, private Nachrichten zu schreiben und zu chatten.

E-Mail

Eine E-Mail-Adresse hat heute sicherlich fast jeder. Wer noch keine besitzt, sollte sich vor Reiseantritt ein E-Mail-Konto anlegen. Kostenlose E-Mail-Adressen erhält man z. B. bei Hotmail (www.hotmail.de), Google Mail (www.googlemail.com), Yahoo (www.yahoo.de) oder GMX (www.gmx.de). E-Mails können auf jedem Computer mit Internetanschluss abgerufen werden. Außerdem können wichtige Dokumente gespeichert werden, indem man sich eine E-Mail an die eigene E-Mail-Adresse mit den Dokumenten als Anhang schickt.

Blog

Wer Freunde, Verwandte und Bekannte auf dem Laufenden halten will, kann dies mit einem Blog tun. Ein Blog kann schnell und einfach online erstellt werden. Texte und Fotos lassen sich von jedem Computer aus hochladen, also auch im Internetcafé oder Hostel. Populäre Bloganbieter sind z. B. Wordpress (www.wordpress.com) und Blogger (www.blogger.com). Sie stellen kostenlosen Webspace und gratis Layouts zur Verfügung. Travelblog (www.travelblog.org) und Travel Pod (www.travelpod.com) sind Plattformen, die sich auf Reiseblogs spezialisiert haben. Mitglieder erhalten auch hier kostenlosen Webspace. Die Blogs sind zusätzlich mit Landkarten und anderen nützlichen Reise-Apps ausgestattet.

Postfach

Um wichtige Dokumente wie die neuseeländische Steuernummer, die Bankkarte oder das Antwortschreiben auf schriftliche Bewerbungen erhalten zu können, benötigt jeder Arbeitsurlauber eine Postanschrift. Da die meisten Backpacker keine feste Adresse haben, während sie in Neuseeland unterwegs sind, gibt es die Möglichkeit sich ein permanentes Postfach einzurichten. Bei den meisten Work & Travel Paketen ist der Postfachservice bereits im Preis enthalten, wer individuell nach Neuseeland reist, kann sich für ca. 30 EUR beim Backpacker Board (www.backpackerboard.co.nz) für zwölf Monate ein Postfach inklusive Postweiterleitung anlegen lassen. Eingehende Post wird gesammelt und auf Wunsch an eine andere Adresse in Neuseeland weitergeleitet.

Eine weitere Möglichkeit Post zu empfangen, ist der Poste Restante Service der neuseeländischen Post (www.nzpost.co.nz). Mit dem Vermerk „Poste Restante" in der Adresse werden Briefe und Pakete bis zu vier Wochen kostenlos im Postamt aufbewahrt. Wird die Post nicht abgeholt, geht sie als unzustellbar an den Absender zurück. Gegen eine Gebühr können die Postsendungen auch an das nächste Postamt weiter geleitet werden. Postsendungen können an das General Post Office (GPO) des jeweiligen Ortes geschickt werden. Der Aufbau einer Anschrift für postlagernde Sendungen sollte so aussehen:

Max MUSTERMANN
c/o Poste Restante
General Post Office
Auckland, 1010
New Zealand

Um Verwechslungen mit dem Vornamen zu vermeiden, empfiehlt es sich, den Familiennamen in Großbuchstaben zu schreiben. Postleitzahl und Abholadresse des jeweiligen Postamtes findet man auf der Webseite der neuseeländischen Post.

Die Post kann gegen Vorlage des Reisepasses im jeweiligen Postamt abgeholt werden. Große Postämter haben oft einen separaten Poste Restante Bereich. Manchmal hängen dort auch Listen, auf denen man vorm Anstellen am Schalter nachsehen kann, ob Post angekommen ist. In kleinen Postämtern, wo kein Poste Restante Bereich vorhanden ist, geht man einfach an den Schalter.

Brief/Postkarte

Mit der neuseeländischen Post können Briefe, Postkarten und Pakete verschickt werden. Verpackungsmaterial ist in allen Postämtern erhältlich. Briefe und Postkarten erreichen Deutschland in sechs bis zehn Werktagen. Ähnliche Laufzeiten gelten für Pakete. Für dringende Sendungen gibt es Express-Tarife. Die Preise richten sich nach Gewicht und Laufzeit. Generell kann man sagen: Je schneller der Service desto teurer das Porto.

Die englische Sprache

Reicht das Schulenglisch?

Reist man das erste Mal alleine in ein englischsprachiges Land, um dort zu arbeiten und zu reisen, macht man sich natürlich Gedanken darüber, ob die eigenen Englischkenntnisse ausreichend sind, besonders wenn die Noten im Englischunterricht nicht die Besten waren. Ein paar Englischkenntnisse sollten unbedingt vorhanden sein, um in Neuseeland zurechtzukommen. Möchte man einen gut bezahlten Job finden, muss man in der Lage sein, fließend englisch zu sprechen. Als Faustregel gilt: Je besser das Englisch, desto besser die Chancen auf einen Job. Muttersprachler wie Briten, Iren und Kanadier sind ebenfalls mit dem Working Holiday Visum in Neuseeland unterwegs und auf der Suche nach Arbeit. Wer die Konkurrenz hinter sich lassen will, muss die englische Sprache beherrschen. Wer nur geringe Englischkenntnisse hat, sollte sich jetzt aber nicht davon abhalten lassen nach Neuseeland zu reisen. Englisch kann man lernen, und zwar am besten, wenn man sich im Land aufhält.

Ob das Englisch gut genug ist, merkt man relativ schnell nach der Ankunft in Neuseeland. Wer in der Lage ist, sich halbwegs zu verständigen wird keine Probleme mit der Sprache haben. Außerdem wird sich das Englisch automatisch innerhalb weniger Wochen verbessern, wenn man gezwungen ist, ständig englisch zu sprechen. Auch wer sich anfangs vom Schulenglisch im Stich gelassen fühlt, muss sich keine Sorgen machen, in der Regel gewöhnt man sich innerhalb von ein paar Tagen daran, Englisch zu sprechen. Das Englisch muss nicht perfekt sein, es reicht, wenn man andere Menschen versteht und sich selbst verständlich machen kann. Keiner erwartet, dass ein Arbeitsurlauber perfektes Englisch spricht. Wichtig ist, dass beim Sprechen nicht an die Grammatik gedacht wird. Dadurch werden die Sätze zwar nicht immer grammatikalisch korrekt gebildet, dafür aber fließend gesprochen. Den meisten Muttersprachlern ist das lieber, als holprige Sätze in korrektem Englisch zu hören. Also keine Angst vor Fehlern. Neuseeland ist an Backpacker und Einwanderer gewöhnt, keiner wird ausgelacht.

Wer schon vor der Abreise seine Englischkenntnisse auffrischen möchte, kann einen Englischkurs an der Volkshochschule machen, englischsprachige Nachrichten und Filme ansehen und mit Freunden oder Bekannten üben.

Sprachkurse

Wer kaum Englischkenntnisse hat oder an seinen Englischkenntnissen zweifelt, kann zu Beginn des Neuseelandaufenthaltes einen Sprachkurs besuchen. Arbeitsurlauber können während ihres Aufenthaltes ohne Weiteres an einem Englischkurs von bis zu sechs Monaten teilnehmen. Der Kurs kann in Deutschland oder vor Ort gebucht werden. Auf Language Programs (language-programs.net), Language Course (www.languagecourse.net) oder Language Course Finder (www.language-learning.net) findet man Sprachschulen in ganz Neuseeland. Da in den meisten Kursen die Teilnehmerzahl begrenzt ist, um die Gruppen möglichst klein zu halten, empfiehlt es sich den Kurs schon von Deutschland aus zu buchen, um eventuelle Wartezeiten zu umgehen.

Die Sprachschulen bieten eine große Palette an Kursen für jedes Sprachniveau an. Vom Standard Kurs bis zum Cambridge Kurs, der mit einem international anerkannten Zertifikat endet, ist alles dabei. Wer seine Englischkenntnisse für Reise, Job und Alltag auffrischen oder verbessern möchte, ist mit einem General English Kurs gut beraten. Im Unterricht werden das Lese- und Hörverständnis, die Aussprache, das aktive Sprechen und die Grammatik durch Rollenspiele, Diskussionen und Übersetzungsübungen verbessert. Die Kurse haben einen Mindestzeitraum von zwei Wochen, es wird jedoch ein Zeitraum von vier bis sechs Wochen empfohlen, um einen deutlich hörbaren Lernerfolg zu erzielen. An allen Schulen findet am ersten Tag ein Einstufungstest, statt um das persönliche Sprachniveau festzustellen. Nach Auswertung dieses Tests werden die Teilnehmer dann in eine Klasse ihres Sprachniveaus eingestuft. Die meisten Sprachschulen organisieren außerdem verschiedene Freizeitaktivitäten. Die Kosten für einen Englischkurs können stark variieren. Ein General English Kurs ist ab 390 NZD (ca. 250 EUR) pro Woche ohne Unterkunft erhältlich.

ARBEITEN

Jobaussichten

Ob Kiwis ernten, Bier ausschenken oder CDs einpacken – Backpacker haben dank des Working Holiday Visums unzählige Möglichkeiten in Neuseeland zu arbeiten und die Reisekasse aufzufüllen. Bei den meisten Jobs handelt es sich um Gelegenheits- oder Aushilfsjobs in der Gastronomie oder in der Tourismusbranche. Aber auch Erntearbeit und Promotion-Jobs gehören zu weitverbreiteten Betätigungsfeldern für Backpacker. Natürlich gibt es viele andere Möglichkeiten, Geld zu verdienen, denn theoretisch ist es mit einem Working Holiday Visum möglich, jeden Job in Neuseeland anzunehmen. Da die Arbeitsdauer jedoch bei einem Arbeitgeber auf zwölf Monate begrenzt ist, finden Fachkräfte oder Backpacker mit hohen Qualifikationen nicht immer einen gut bezahlten Job in ihrem Arbeitsfeld. Hat man die Möglichkeit, sich auf eine qualifizierte Stelle zu bewerben, sollte man diese Chance natürlich nutzen. Gute Chancen auf einen besser bezahlten Job haben vor allem Arbeitskräfte mit einer handwerklichen Ausbildung, wie Tischler, Maler oder Elektriker. Fachpersonal aus dem Gastronomiebereich oder Computerexperten haben ebenfalls gute Chancen einen besser bezahlten Job zu finden. Der Stundenlohn für typische Backpacker-Jobs liegt zwischen 13,75 NZD und 18 NZD (8,90 bis 11 EUR) pro Stunde. Der gesetzliche Mindestlohn beträgt 13,75 NZD (8,90 EUR).

Typischer Stundenlohn nach Arbeitsbereich

Arbeitsbereich	Stundenlohn
Gastronomie	14 – 16 NZD (9 – 10 EUR)
Tourismusbranche	14 – 16 NZD (9 – 10 EUR)
Büroarbeit	16 – 18 NZD (10 – 12 EUR)
Bau	18 – 20 NZD (12 – 13 EUR)
Kinderbetreuung	14 – 16 NZD (9 – 10 EUR)
Gesundheitswesen	14 – 16 NZD (9 – 10 EUR)
Erntearbeit/Farmarbeit	13,75 – 20 NZD (8,90 – 13 EUR)

Backpacker-Jobs

Gastronomie

Der Gastronomiebereich ist der größte Arbeitgeber für Backpacker. Kellner, Barkeeper, Baristas und Küchenhilfen werden ständig gesucht. Mit Arbeitserfahrung und guten Englischkenntnissen hat man gute Chancen einen Job zu finden. Ohne Erfahrung sinkt die Chance auf einen Job in der Gastronomie dagegen deutlich. Es werden zwar auch ungelernte Kräfte eingestellt, die meisten Arbeitgeber verlangen jedoch Vorkenntnisse. Je nach Erfahrung kann man mit einem Stundenlohn von 14 bis 16 NZD (9 bis 10 EUR) rechnen.

Aufgrund der hohen Nachfrage an Arbeitskräften im Gastronomiebereich haben sich viele Jobagenturen auf die Vermittlung von Kellnern, Barkeepern, Köchen und Küchenhilfen spezialisiert. Die meisten Agenturen erwarten Arbeitserfahrung. Ohne Vorkenntnisse hat man meist bessere Chancen über Backpackermagazine, Schwarze Bretter oder durch direktes Vorstellen einen Job zu finden.

Providore (www.providore.co.nz)
HHES Hospitality Recruitment (www.hhes.co.nz)
buzz recruitment (www.buzzrecruitment.co.nz)
bravo recruitment (www.bravogroup.co.nz)

Tourismusbranche

Neben der Landwirtschaft ist die Tourismusbranche in Neuseeland der größte Arbeitgeber. Was bedeutet, dass in diesem Bereich ständig Arbeitskräfte gesucht werden. Hotels und Resorts suchen regelmäßig Zimmermädchen oder Reinigungskräfte, manchmal auch Rezeptionisten. Vorkenntnisse oder sogar eine Ausbildung als Hotelfachfrau/-mann, wie es sie in Deutschland gibt, werden nicht erwartet. Für die Arbeit an der Rezeption werden jedoch gute Englischkenntnisse vorausgesetzt. Freie Stellen in Hotels gibt es in ganz Neuseeland. Zu beachten sind die jeweiligen Haupt- und Nebensaisonzeiten. In der Nebensaison ist es vor allem in kleinen Orten deutlich schwerer, einen Job im Hotel zu finden. Ansonsten sind die

Jobaussichten in der Hauptsaison gut. Vor allem in den Skigebieten sind während der Skisaison von Juni bis Oktober zahlreiche Stellen zu besetzten. Wer eine Stelle im Hotel sucht, wird über Arbeitsagenturen, Anzeigen in Backpackermagazinen oder durch direktes Vorstellen schnell fündig. Je nach Tätigkeit und Erfahrung kann mit einem Stundenlohn von 14 bis 16 NZD (9 bis 10 EUR) gerechnet werden.

Providore (www.providore.co.nz)
HHES Hospitality Recruitment (www.hhes.co.nz)
buzz recruitment (www.buzzrecruitment.co.nz)
bravo recruitment (www.bravogroup.co.nz)

Büroarbeit

Wer gute Englischkenntnisse hat, sich mit Computerprogrammen wie Word, Excel und Outlook auskennt, fit im Umgang mit dem Internet ist und schnell tippen kann, hat gute Chancen einen Büro-Job zu finden. Die Verdienstmöglichkeiten sind gut. Backpacker können mit einem Stundenlohn von 16 bis 18 NZD (10 bis 12 EUR) pro Stunde rechnen. In größeren Städten, vor allem in Auckland und Wellington, gibt es zahlreiche temporäre Stellen, die oft durch Arbeitsurlauber besetzt werden. Arbeitserfahrung wird vorausgesetzt, da es sich kein Arbeitgeber leisten kann, eine Aushilfe lange anzulernen. Freie Stellen findet man hauptsächlich über Arbeitsagenturen, aber auch in Tageszeitungen, Backpackermagazinen und im Internet.

Quinn Staff (www.quinnstaff.co.nz)
Adecco (www.adecco.co.nz)
Kelly Services (www.kellyservices.co.nz)

Bauarbeit

Handwerker mit Berufserfahrung haben gute Aussichten einen Job auf einer der zahlreichen Baustellen in Neuseeland zu finden. Maler, Maurer, Klempner, u.v.a. werden ständig gesucht. Die Arbeit ist anstrengend aber meist gut bezahlt. Stundenlöhne zwischen 16 und

20 NZD (10 bis 13 EUR) sind möglich. Stellenangebote findet man in der Tageszeitung. Es ist aber auch möglich direkt auf einer Baustelle vorbeizugehen und nach Arbeit zu fragen. Vorkenntnisse sind erwünscht, aber nicht immer nötig. Handwerkliches Geschick und körperliche Fitness werden jedoch vorausgesetzt. Rückt die Fertigstellung eines Projekts Nahe, werden oft auch ungelernte Arbeiter als Handlanger eingestellt, die Hilfsarbeiten auf dem Bau verrichten.

Trade Staff (www.tradestaff.co.nz)
AWF (www.awf.co.nz)

Kinderbetreuung

Jobs in der Kinderbetreuung gibt es hauptsächlich in den Großstädten. Wer Kinder mag und Erfahrung im Umgang mit ihnen hat, kann sich als Nanny, Babysitter oder Kindererzieherin bewerben. Freie Stellen findet man über Nanny-Agenturen oder Anzeigen in der Tageszeitung. Erfahrung und Referenzen werden vorausgesetzt. Die Bezahlung variiert je nach Job. Nannys, die bei der Familie wohnen, erhalten neben Kost und Logis auch ein Taschengeld. Nannys die nicht bei der Familie wohnen erhalten einen Stundenlohn von 14 bis 16 NZD (9 bis 10 EUR). Nannys in Auckland können sogar bis zu 22 NZD (14 EUR) pro Stunde verdienen.

Au Pair Link (www.aupairlink.co.nz)
Dream Au Pair (www.dreamaupair.co.nz)
Nannies on Demand (www.nanniesondemand.co.nz)
New Au Pair (www.newaupaircom)

Altenpflege/Krankenpflege

In der Kranken- und Altenpflege werden ständig Arbeitskräfte gesucht. Es ist zwar nicht möglich ohne Registrierung, die teuer und zeitaufwendig ist, als Krankenschwester zu arbeiten, wer aber eine entsprechende Ausbildung und gute Englischkenntnisse hat, kann als Krankenpflegehelfer arbeiten. Auch Bewerber ohne Ausbildung aber mit Erfahrung, z. B. durch Zivildienst oder ein Freiwilliges Soziales Jahr, haben gute Chancen einen Job in der Pflege zu finden. Ein

Krankenpflegehelfer verdient ca. 14 bis 16 NZD (9 bis 10 EUR) pro Stunde. Freie Stellen findet man in der Tageszeitung oder über sogenannte Nursing-Agenturen. Wer sich bei einer Nursing-Agentur bewerben möchte, sollte alle Examenspapiere, Zertifikate, und Arbeitszeugnisse übersetzten lassen, um nachweisen zu können, dass Erfahrung vorhanden ist. Vor Arbeitsbeginn müssen eventuell von der Agentur zur Verfügung gestellte Trainingskurse besucht werden.

Geneva Health (www.genevahealth.com)

Erntearbeit

Arbeit als Erntehelfer kann man das ganze Jahr über in Neuseeland finden. Reich wird man durch die Arbeit zwar nicht, aber das Geld ist schnell verdient, da man nicht lange nach einem Job suchen muss, wenn man zur richtigen Erntezeit am richtigen Ort ist. Zudem gibt es in den Ernteregionen kaum Möglichkeiten das verdiente Geld wieder auszugeben. Beim Obst pflücken oder Gemüse ernten trifft man viele Gleichgesinnte, die auch mit dem Working Holiday Visum in Neuseeland unterwegs sind und ihre Reisekasse auffüllen. Deshalb gehören Tätigkeiten, wie Kiwis pflücken oder Kartoffeln ernten, zu den meistverbreiteten und beliebtesten Jobs unter Backpackern.

Für die Arbeit auf dem Feld werden keine besonderen Fähigkeiten benötigt. Allerdings muss man sich im Klaren sein, dass Ernte-Jobs mit schwerer körperlicher Arbeit verbunden sind und auch bei schlechten Witterungsverhältnissen ausgeübt werden. Die Erntearbeit beginnt oft in den frühen Morgenstunden und endet erst am späten Nachmittag oder abends. Tätigkeiten bei denen Obst oder Gemüse verpack werden, erfordern dagegen oft Abend- und Nachtarbeit. Pro Woche hat man einen Tag frei.

Übernachtungsmöglichkeiten stehen auf den Farmen nur selten zur Verfügung, sodass sich Erntehelfer selbst um eine Unterkunft kümmern müssen. In der Umgebung befinden sich aber fast immer Hostels oder Campingplätze. Der Transport zur Farm wird von der Farm oder dem Hostel bzw. dem Campingplatz organisiert.

Die richtige Arbeitskleidung ist für Erntearbeit unabdinglich: Festes Schuhwerk, eine dünne lange Hose, ein dünnes langes Hemd, ein Hut mit breiter Krempe sowie Sonnencreme und viel Wasser werden benötigt.

Die Bezahlung richtet sich fast immer nach geernteter Menge. Allerdings muss nach neuseeländischem Recht auch bei leistungsabhängiger Bezahlung mindestens der Mindestlohn von 13,75 NZD (8,90 EUR) pro Stunde gezahlt werden. Wer schnell arbeitet, kann jedoch auf einen Stundenlohn von 20 NZD (13 EUR) kommen. Die Bezahlung erfolgt normalerweise wöchentlich.

Auf PickNZ (www.picknz.co.nz) findet man neben einem Erntekalender und Jobangeboten auch Informationen zu Erntearbeit, Ernteregionen, Unterkunft, Transport, Bezahlung und Arbeitsbedingungen. Freie Stellen sind auch auf Seasonal work (www.seasonalwork.co.nz) zu finden.

Eine weitere Möglichkeit um einen Job als Erntehelfer zu finden sind die sogenannten Work Hostels. Diese Hostels liegen in den verschiedenen Ernteregionen und stehen in engem Kontakt mit den Farmern der Umgebung. Während der Erntezeit vermitteln die Hostels arbeitswillige Backpacker an die verschiedenen Farmen und organisieren auch den Transport zur Farm. Bevor man sich auf den Weg zu einem Working Hostel macht, sollte man unbedingt nachfragen, ob Erntehelfer gesucht werden, da es aufgrund der oft weit abgelegenen Hostels fast keine alternativen Jobmöglichkeiten in der Umgebung gibt.

PickNZ (www.picknz.co.nz)
Seasonal work (www.seasonalwork.co.nz)
Seasonal Solutions (www.ssco.co.nz)
Frenz (www.frenz.co.nz)

Farmarbeit

Backpacker, die ihre Reisekasse für ein paar Wochen schonen wollen, haben die Möglichkeit als Farmhilfe auf einer Farm zu arbeiten.

Die Tätigkeiten sind von Farm zu Farm verschieden. Tiere füttern, Ställe säubern, Obst und Gemüse ernten und Unkraut jäten gehören jedoch zu den häufigsten Aufgaben. Vorkenntnisse werden keine erwartet, kräftige Hände und Arbeitsbereitschaft werden hingegen vorausgesetzt. Die Farmbesitzer erwarten tägliche Arbeitszeiten von vier bis sechs Stunden. Mindestens ein Tag pro Woche steht zur freien Verfügung. Bezahlt wird die Arbeit nicht. Als Gegenleistung erhält man kostenlose Verpflegung und Unterkunft, dazu gewinnt man interessante Einblicke in den neuseeländischen Lebensalltag. Die Unterkünfte sind meist sehr einfach ausgestattet. Je nach Farm schläft man im Gästezimmer, im Wohnwagen oder im Zelt. Eine Mindestaufenthaltsdauer wird nicht vorausgesetzt, drei bis vier Tage gelten jedoch als angemessen. Der Aufenthalt kann je nach Arbeitslage auf mehrere Wochen oder sogar Monate ausgedehnt werden.

Wer auf einer Farm arbeiten möchte, muss Mitglied bei WWOOF New Zealand (www.wwoof.co.nz) werden. Die Mitgliedschaft kann vor der Abreise oder in Neuseeland online beantragt werden. Alternativ kann die Anmeldung auch vor Ort in einem der zahlreichen Backpackerreisebüros erfolgen. Auch einige Hostels sind offizielle Agenturen der WWOOF-Verbände, sodass auch dort eine Anmeldung möglich ist. Die Mitgliedschaft kostet 40 NZD (25 EUR) und ist ein Jahr gültig. Im Preis enthalten ist eine Broschüre mit über 1.000 Adressen der WWOOF-Mitgliedsfarmen und eine Unfallversicherung. Da die Versicherung nur Unfälle während der Arbeit absichert, ist eine eigene Reisekrankenversicherung für den Neuseelandaufenthalt ratsam. Die Arbeitsschwerpunkte der jeweiligen Farmen werden in der Broschüre kurz beschrieben. Farmen sind in allen Regionen Neuseelands zu finden und sind meist weit abgelegen. Hat man sich für eine Farm entschieden, sollte man unbedingt ein paar Tage vor der geplanten Anreise bei dem Farmbetreiber nachfragen, ob WWOOFer benötigt werden. Einige Farmen sind sehr populär, was dazu führen kann, dass bereits andere WWOOFer auf der Farm arbeiten und keine weiteren Arbeitskräfte benötigt werden. Fühlt man sich nicht wohl oder hat man keine Lust mehr auf der Farm zu arbeiten kann man jederzeit gehen. Da kein Vertrag unterschrieben wird, geht man keinerlei Verpflichtungen ein. Viele der WWOOF-Farmen werden von Familien bewirtschaftet. WWOOFer werden in den meisten Fällen ganz selbstverständlich in den Familienalltag integriert und können so neben der Arbeit auch noch viel über die neuseeländische Lebensweise herausfinden.

Auch Helpx (www.helpx.net) und Farm Helpers in New Zealand (www.fhinz.co.nz) vermitteln Farmhelfer in Neuseeland. Beide haben ein ähnliches Konzept wie WWOOF NZ. Der Zugang zur Helpx Datenbank mit den Einträgen der Farmen ist kostenlos. Um Kontaktdaten einsehen zu können, wird jedoch eine Premier Mitgliedshaft benötigt. Diese kostet 20 EUR und ist zwei Jahre gültig. Der FHinNZ Guide listet ca. 350 Farmen in Neuseeland und kostet 25 NZD (16 EUR).

Freiwilligenarbeit

Wer helfen möchte die exotische Tierwelt, die beeindruckende Natur oder das kulturelle Erbe Neuseelands zu schützen, kann dies durch die Teilnahme an einem der zahlreichen Freiwilligenprojekte tun. Durch Freiwilligenarbeit kann man zwar kein Geld verdienen, Unterkunft und Verpflegung sind jedoch in der Regel kostenfrei und schonen für einige Zeit den Geldbeutel. Wieder zu Hause steigen die beruflichen Perspektiven, da Arbeitgeber soziales Engagement schätzen.

Eine der größten und bekanntesten Organisationen für Freiwilligenarbeit ist Conservation Volunteers New Zealand (www.conservation volunteers.co.nz), die zahlreiche Projekte im Bereich Naturschutz anietet. Zu den typischen CVA-Projekten gehöhren Tätigkeiten wie Bäume pflanzen, Wanderwege bauen und instand halten sowie Forschungsprojekte zu Flora und Fauna. Vorkenntnisse werden nicht benötigt. Teilnehmer sollten aber fit und belastbar sein. Die Projekte werden in ganz Neuseeland angeboten und haben eine Dauer von einer oder mehreren Wochen. Volontäre können sich online oder direkt vor Ort in einem der CVA-Büros für ein Projekt anmelden. CVA organisiert Transport, Unterkunft und Verpflegung. Die Kosten von ca. 250 EUR pro Woche müssen jedoch vom Volontär übernommen werden.

Freiwilligenprojekte im Bereich Naturschutz sind auch auf der Website des Department of Conservation (www.doc.govt.nz) zu finden.

Jobsuche

Bei der Jobsuche ist Eigeninitiative gefragt, denn Arbeitsagenturen tragen nur einen kleinen Teil zur Jobvermittlung bei. Backpacker haben verschiedene Möglichkeiten einen Job in Neuseeland zu finden. Wer mehr als eine Methode nutzt, kommt dabei oft schneller ans Ziel.

Zeitung

Auch in Neuseeland spielen Zeitungen und Zeitschriften eine wichtige Rolle bei der Jobsuche. In den verschiedenen Backpackermagazinen, wie dem TNT Magazin (www.tntdownunder.com) sind immer Stellenanzeigen für Arbeitsurlauber zu finden. Die Magazine erscheinen monatlich und liegen in den Hostels und in Backpackerreisebüros aus. Jeweils mittwochs und samstags erscheinen in fast allen neuseeländischen Tageszeitungen die aktuellen Stellenanzeigen. Je nach Region werden Stellenanzeigen auch in lokalen Zeitungen veröffentlicht. Am besten fragt man im Zeitungsladen nach, welche Zeitungen das sind. Wer einen Job über die Zeitung sucht, hat aufgrund der zahlreichen Angebote oft Erfolg. Schnelligkeit spielt jedoch eine wichtige Rolle. Es ist ratsam, sich schon morgens die Zeitung zu besorgen und sofort auf die entsprechenden Stellenanzeigen zu antworten. Abends sind viele Jobs bereits vergeben. Da inzwischen fast alle Zeitungen einen Internetauftritt haben, können sich Jobsuchende bereits vor der Abreise ein Bild über den neuseeländischen Arbeitsmarkt machen.

Schwarzes Brett

Bei der Jobsuche lohnt sich auch der Blick auf die Schwarzen Bretter in Hostels, Backpackerreisebüros oder Internetcafés. Die Infobretter enthalten neben Anzeigen für Mitfahrgelegenheiten, Campingausrüstung und WG-Zimmern oft auch Jobangebote von Arbeitgebern, die gezielt nach Backpackern suchen.

Arbeitsagenturen

Auch Arbeitsurlauber können den Service des Arbeitsamtes nutzen, um freie Stellen zu finden. Interessanter sind jedoch private Arbeitsvermittler. Anders als in Deutschland spielen private Arbeitsvermittler in Neuseeland für viele Jobsuchende eine wichtige Rolle. In großen Städten findet man deshalb auch zahlreiche private Arbeitsagenturen. Einige Agenturen haben sich auf bestimmte Berufsgruppen spezialisiert, andere kümmern sich hauptsächlich um Backpacker. So gibt es Agenturen für Gastronomiepersonal, Pflegepersonal, IT-Berufe oder Büropersonal, die qualifizierte Arbeitskräfte vermitteln aber auch Agenturen, die Jobs jeder Art, wie leichte Aushilfstätigkeiten, Putz-Jobs oder Handzettelverteilung vermitteln. Einige Agenturen verlangen einen Mitgliedsbeitrag für eine zwölfmonatige Mitgliedschaft oder eine Bearbeitungsgebühr. Mitglieder können jederzeit den Service der Agentur nutzen und erhalten Hilfe beim Erstellen der Bewerbungsunterlagen. Adressen der Arbeitsagenturen findet man in den Backpacker Magazinen, die in allen Hostels kostenlos ausliegen, in den Gelben Seiten (www.yellowpages.co.nz) oder über die Suche im Internet. Fast alle Jobagenturen haben eine Webseite, auf der nach aktuellen Jobangeboten gesucht werden kann. So kann man sich bereits vor der Abreise aus Deutschland einen Überblick über die verschiedenen Agenturen und die Jobangebote verschaffen.

Auch bei einer Agentur zählt der erste Eindruck. Stellt man sich vor oder wird zum Vorstellungsgespräch eingeladen, gehören ordentliche Kleidung, ein freundliches Auftreten und aktuelle Bewerbungsunterlagen dazu.

Canstaff (www.canstaff.co.nz)
Addstaff (www.addstaff.co.nz)
Enterprise Recruitment (www.enterprise.co.nz)
Manpower (www.manpower.co.nz)
Adeco (www.adecco.co.nz)
Martin Personnel (www.askmartin.co.nz)
Ultimate Recruitment Company (www.ultimaterecruitment.co.nz)

Hostels

Durch ein Gespräch mit den Mitarbeitern der Rezeption eines Hostels kann man oft erfahren, wo im Augenblick Arbeitskräfte gesucht werden. Meist haben die Hostels direkten Kontakt zu Arbeitgebern oder Arbeitsagenturen und können Jobs in Restaurants, auf Baustellen oder in Geschäften vermitteln. Auch im Hostel selbst werden hin und wieder Mitarbeiter gesucht. Fast alle Tätigkeiten, die in einem Hostel anfallen, wie Rezeptionsarbeit, Putzarbeiten oder Abholservice, werden von anderen Backpackern ausgeübt. Die Bezahlung richtet sich nach dem Arbeitsaufwand und der Tätigkeit, entweder ist der Schlafplatz kostenlos oder es wird ein Stundenlohn gezahlt.

Initiativbewerbung

Man muss nicht immer darauf warten, dass ein Unternehmen eine Stellenanzeige schaltet, auch durch eine Initiativbewerbung hat man Chancen einen Job zu finden. Am besten funktioniert dies in Läden mit vielen Mitarbeitern, die in Shoppingcentern, Einkaufspassagen oder Bahnhöfen zu finden sind. Dazu gehören Fast Food Restaurants, Kinos, Supermärkte, Geschäfte oder auch Hostels und Hotels. Man stellt sich unaufgefordert einem potenziellen Arbeitgeber vor, indem man einfach in ein Geschäft geht und nach einer freien Stelle fragt. Manchmal hängt bereits ein Schild mit der Aufschrift „Staff Wanted" (Personal gesucht) im Fenster. Dann sind die Chancen besonders hoch einen Job zu bekommen. Aber auch wenn kein Schild im Fenster hängt, lohnt es sich nachzufragen, ob Mitarbeiter gesucht werden. Wichtig beim direkten Vorstellen sind ordentliche Kleidung und ein freundliches Auftreten. Eine Kopie des Lebenslaufes sollte man ebenfalls mit dabei haben, sodass sich ein potenzieller Arbeitgeber einen Überblick über die Arbeitserfahrung machen und sich bei Bedarf melden kann. Nicht immer hat man Glück und findet sofort einen Job, oft sind mehrere Anläufe nötig.

Freunde und Bekannte

Bevor eine Stellenanzeige aufgegeben wird, hören sich viele Arbeitgeber um, ob ein Mitarbeiter der Firma einen passenden Kandidaten kennt. Einige Jobangebote tauchen dadurch niemals in den Stellenanzeigen auf, sie werden direkt an Freunde und Bekannte von Mitarbeitern vergeben. Da die Fluktuation in typischen Backpacker-Jobs wie Kellnern, Putzen oder Obstpflücken sehr hoch ist, vertrauen vor allem hier viele Arbeitgeber auf die Mithilfe von Arbeitnehmern neue Mitarbeiter zu werben. Die meisten Arbeitgeber freuen sich, wenn ein Mitarbeiter, der kündigt, um weiterzureisen, Ersatz anbieten kann. Das erspart dem Arbeitgeber die Suche nach einer neuen Arbeitskraft. Überhaupt können andere Backpacker eine wertvolle Informationsquelle bei der Jobsuche sein. Sie können nicht nur die Kontaktadressen vom Arbeitgeber ihres jetzigen Jobs geben, sondern auch Adressen und Telefonnummern von Arbeitgebern in Städten, die man selbst noch besuchen möchte.

Working Hostels

Working Hostels bieten neben einem Schlafplatz gleichzeitig noch die Vermittlung von Erntearbeit an. Die meisten dieser Hostels liegen in Obst- und Gemüseanbaugebieten und stehen in engem Kontakt zu den verschiedenen Plantagenbesitzern, die regelmäßig Rucksackreisende für die Obst- und Gemüseernte einstellen. Bevor man sich auf den Weg in ein Working Hostel macht, sollte man unbedingt dort nachfragen ob Jobs vorhanden sind. Nicht selten stellen Backpacker nach der Ankunft in einem Working Hostel fest, dass die Erntezeit noch nicht begonnen hat und keine Jobs vermittelt werden können.

Internet

Auch das Internet bietet sich zur Jobsuche an. Allerdings sind in den Online-Jobbörsen, wie z. B. Search 4 Jobs (www.search4jobs.co.nz) oder Seek (www.seek.com.au) vorwiegend Jobs zu finden, die höhere Qualifikationen voraussetzen und eine Mitarbeit von mehr als zwölf Monaten im Unternehmen erfordern. Da die Nutzung der Jobbörsen kostenlos ist, kann man sich dennoch anmelden, ein eigenes Profil erstellen, den Lebenslauf online stellen und sich täglich die aktuellen Jobangebote zuschicken lassen. Für Gelegenheitsjobs sind die Online-Jobbörsen weniger nützlich. Besser geeignet sind Kleinanzeigenportale wie Gumtree (www.gumtree.com.au), Backpacker Board (www.backpackerboard.co.nz) oder die Notice Boards von BBH (www.bbh.co.nz) oder Nomads World (nomadsworld.com).

Partnerbüros der Work & Travel Organisationen

Die Teilnahme an einem Work & Travel Programm ist keine Jobgarantie. Jeder muss selbst aktiv werden und sich um Arbeit kümmern. Programmteilnehmer können jedoch für die Jobsuche die Partnerbüros der jeweiligen Organisation nutzen. Die meisten Büros haben ein Schwarzes Brett mit aktuellen Jobangeboten und Erntehelferstellen. Außerdem haben sie gute Kontakte zu Jobagenturen. Einige Organisationen besitzen auch eigene Jobdatenbanken, auf die die Teilnehmer für den Zeitraum des Work & Travel Programms Zugriff haben, und jederzeit nach Jobs suchen können. Die meisten Partnerbüros helfen bei Fragen zu Lebenslauf und Bewerbungsunterlagen und geben Infos und Tipps für Vorstellungsgespräche. Auf die Hilfe und Unterstützung der Partnerbüros allein sollte man sich jedoch nicht verlassen. Dies führt oft zu Enttäuschungen. Dass es auch andere Möglichkeiten zur Jobsuche gibt, zeigen die oben genannten Methoden. Mit Eigeninitiative, Selbstvertrauen und Kreativität hat man gute Chancen schnell einen Job zu finden.

Bewerbungsunterlagen

Das Working Holiday Visum erlaubt Backpackern zwar bis zu einem Jahr in Neuseeland zu leben und zu arbeiten, eine Jobgarantie gibt es aber nicht. Da der Arbeitsmarkt unter Backpackern hart umkämpft ist, gilt es mit einer guten Bewerbung einen positiven Eindruck bei potenziellen Arbeitgebern zu hinterlassen.

Wenn in der Stellenausschreibung nicht anders angefordert, werden für die Bewerbung nur Anschreiben, Lebenslauf und Referenzen eingeschickt. Zeugnisse und sonstige Nachweise werden nicht in der Bewerbung mitgeschickt, sondern erst bei konkreter Nachfrage eingereicht oder zum Vorstellungsgespräch mit gebracht. Auch ein

Passfoto wird dem Anschreiben nicht beigelegt, dadurch soll eine objektive Bewertung des Bewerbers ermöglicht werden.

Es ist ratsam die Bewerbungsunterlagen noch vor der Abreise zu erstellen und auf einem USB-Stick, einer CD-Rom oder online, z. B. auf Google Docs (docs.google.com) zu speichern. Bewerbungsanschreiben und Lebenslauf können dann jederzeit in einem Internetcafé geändert und ausgedruckt werden. Anschreiben und Lebenslauf müssen in englischer Sprache verfasst werden und sollten aussagekräftig, aber dennoch kurz und knapp gehalten werden. Referenzen und Zeugnisse sollten ebenfalls ins Englische übersetzt werden, müssen aber nicht extra beglaubigt werden, da dies in der Regel nicht vom Arbeitgeber verlangt wird, vor allem nicht für Gelegenheitsjobs wie Kellnern oder Obst pflücken. Was bei den verschiedenen Bewerbungsunterlagen beachtet werden muss, wird nachfolgend genauer erklärt.

Bewerbungsanschreiben

Das Anschreiben sollte kurz und prägnant gehalten werden und nicht länger als eine DIN-A4-Seite sein. Ziel ist es, das Interesse des potenziellen Arbeitgebers zu wecken, sich die Bewerbungsunterlagen genauer anzusehen. Wichtig dabei ist, das Bewerbungsanschreiben genau auf die ausgeschriebene Stelle anzupassen und zu erwähnen, warum man sich für diese Stelle bewerben möchte und welche Qualifikationen man mitbringt, um den Job erfolgreich zu bewältigen. Der frühestmögliche Eintrittstermin sowie das vorhandene Working Holiday Visum sollten auch erwähnt werden. Es wird empfohlen sich über den Namen des zuständigen Personalchefs zu informieren und diesen im Bewerbungsanschreiben direkt anzusprechen, da ein einfaches „Sehr geehrte Damen und Herren" häufig keine Beachtung findet. Eine nette Dankeszeile für das Interesse und die eigenen Kontaktdaten gehören ebenfalls in das Anschreiben.

Muster-Anschreiben (cover letter)

Maxi Mustermann
135 Hobson Street
Auckland 1010
Tel: 9999 999 999
Email: maxi.mustermann@mustermail.com

01/07/2009

Ms Sonia Smith
Manager of Employment
Cafe Art
200 Queen Street
Auckland 1010

Dear Ms Smith,

I am writing to apply for the position of Sandwich Hand as advertised on Gumtree.co.nz.

I am an energetic, friendly and enthusiastic team player with a passion for food. I enjoy working in a busy environment and provide excellent customer service with a smile.

My experience includes 2 years working as a Sandwich Hand at Subbs, a busy cafe in Berlin, Germany, where I was responsible for preparing sandwiches, salads and coffee.

In my previous job as a Barista at Coffee House in Christchurch my duties included the preparation of various coffees and sandwiches. I was also responsible for cash handling and training new staff members.

I am in New Zealand on a working holiday visa and plan on being here for another 4 months.

My resume is attached and I look forward to being able to discuss the position with you further.

Sincerely,

(Unterschrift)
Maxi Mustermann

Enclosure: Résumé

Lebenslauf

Der neuseeländische Lebenslauf soll dem zukünftigen Arbeitgeber einen detaillierten Überblick darüber geben, welche beruflichen Erfahrungen (employment history) man bisher machen konnte. Der Lebenslauf ist anti-chronologisch aufgebaut, beginnt also mit dem Job, den man zurzeit ausübt bzw. zuletzt ausgeübt hat sowie weiteren Tätigkeiten in rücklaufender Reihenfolge. Danach folgen ebenfalls in rücklaufender Reihenfolge Angaben zur schulischen Ausbildung (education history). Neben beruflichen und schulischen Erfahrungen werden auch besondere Kenntnisse (special skills), Hobbys und Interessen (hobbies and interessts) sowie Referenzen (references) auf dem Lebenslauf erwähnt. Der Lebenslauf sollte nicht länger zwei Seiten sein. Er wird weder unterschrieben noch mit einem Datum versehen.

Der neuseeländische Lebenslauf wird wie folgt aufgebaut:

Contact details

Hier werden vollständiger Name, Adresse, Telefonnummer, Handynummer und E-Mail-Adresse angegeben. Eine professionelle E-Mail-Adresse, wie vorname.nachname@muster.de, sollte selbstverständlich sein. Spitznamen, wie mausi92@muster.de, sind nicht angebracht. Geburtsdatum und Familienstand müssen nicht angegeben werden. An dieser Stelle sollte jedoch erwähnt werden, dass ein Working Holiday Visum vorhanden ist und man legal in Neuseeland arbeiten darf.

Personal statement/Career statement/Job objective

Das Ziel des Career Statement ist es, die Aufmerksamkeit des potenziellen Arbeitgebers zu gewinnen und ihn dazu zu bringen, den Rest des Lebenslaufes zu lesen. In zwei bis drei Sätzen sollte zusammengefasst werden, warum man am besten für diese Stelle geeignet ist und welche Ziele man verfolgt. Außerdem sollte erwähnt werden, wann der früheste Eintrittsbeginn ist und wie lange man bereit ist, den Job auszuüben.

Employment history/Work experience

Angegeben wird der berufliche Werdegang, angefangen mit der aktuellen oder letzten Arbeitsstelle. Neben dem vollständigen Namen des Unternehmens, der genauen Bezeichnung der Position und dem Zeitraum der Anstellung sollten auch die ausgeübten Tätigkeiten genannt werden. Da sich Backpacker oft für Jobs bewerben, die sie vorher noch nie gemacht haben, empfiehlt es sich Kenntnisse und Fähigkeiten aus früheren Tätigkeiten zu nennen, die relevant für die neue Stelle sind. Wer sich z. B. in einem Café bewirbt, aber noch nie in einem Café gearbeitet hat, könnte erwähnen, dass durch andere Positionen Erfahrungen im Umgang mit Menschen und Geld vorhanden sind.

Education and training

Im Abschnitt Ausbildung werden Schul- und Berufsausbildung aufgelistet. Der aktuelle bzw. höchste Schulabschluss wird an erster Stelle genannt, danach folgen die übrigen Ausbildungs- und Berufsstätten. Die Ausbildung ist in Deutschland ein wichtiger Teil des Lebenslaufes, in Neuseeland jedoch zählen Arbeitserfahrung, Fähigkeiten und die richtige Einstellung. Der Abschnitt Ausbildung kann deshalb kurz gehalten werden. Da deutsche Abschlüsse nicht immer korrekt ins Englische übersetzt werden können, empfiehlt es sich die Bezeichnung auf Deutsch zu nennen und diese dann auf Englisch zu umschreiben.

Skills

Hier können Kenntnisse und Qualifikationen angegeben werden, die die Eignung für die zu besetzende Stelle zusätzlich unterstreichen. Das können z. B. Fremdsprachen, Software-Kenntnisse oder ein Führerschein sein.

Hobbies and interests

Hobbys und Interessen sollten nur dann genannt werden, wenn sie mit der ausgeschriebenen Stelle zu tun haben. Ehrenämter und soziales Engagement erlauben Rückschlüsse auf zusätzliche Qualifikationen wie Führungsqualitäten und Kommunikationstalent und können deshalb erwähnt werden. Auch Hobbys, die auf Teamstärke, Organisationstalent und körperliche Kondition schließen lassen, dürfen genannt werden. Hobbys wie lesen, schlafen oder Kinobesuche, sind dagegen nicht relevant für einen Job und sollten daher nicht erwähnt werden.

References

Hier werden zwei bis drei Referenzpersonen mit kompletten Kontaktdaten angegeben. Die Referenzgeber sollten aus dem beruflichen oder akademischen Umfeld kommen und bereit sein, zu bestätigen, dass man eine anständige und zuverlässige Person ist. Es ist zwar eher unwahrscheinlich, das ein Arbeitgeber einen Referenzgeber in Deutschland anruft, dennoch sollten die genannten Personen auf solch einen Anruf vorbereitet sein.

Muster-Lebenslauf (Curriculum Vitae)

CURRICULUM VITAE

CONTACT DETAILS:

Full Name: Maxi Mustermann
Address: 135 Hobson Street, Auckland 1010
Tel: 9999 999 999
Email: maxi.mustermann@mustermail.com
Nationality: German
Visa: Working Holiday Visa, expires 11/11/2009
Date of Birth: 01/01/1986

PERSONAL STATEMENT:

I am a friendly and outgoing girl form Berlin, Germany currently in New Zealand on a one year working holiday. I am looking for a full time job, that will allow me to put my skills and experience to profitable use while working hard and meeting new people. I am renting a flat in Sydney and looking forward to starting work straight away.

WORK EXPERIENCE:

Feb 2009 - Apr 2009
Coffee House, Christchurch, New Zealand
Barista

Coffee House is a busy cafe in the heart of Christchurch, famous for its tasty coffee. As a Barista I was responsible for:

- preparation of various coffees and sandwiches
- cleaning the coffee and food preparation area
- cash handling
- training new staff members

Nov 2008 - Jan 2009
Art Hotel, Queenstown, New Zealand
Room Attendant

Art Hotel is a popular 4 star hotel in Queenstown. I was working as part of a team cleaning and resetting the rooms. My main duties included:

- cleaning and resetting bathroom and bedroom areas
- stocking and organising cleaning carts and linen closets on the floors
- decorating rooms on special occasions

Jan 2005 - Jul 2008
Subbs, Berlin, Germany
Sandwich Hand

Subbs is a well known cafe in Berlin. I worked as part time Sandwich Hand while studying and enjoyed the job very much as I learnt a lot about food preparation and customer service. My duties included:

- taking orders and payment
- preparing sandwiches, salads and coffee
- cleaning the food preparation area

EDUCATION:

2008 Bachelor of Media (Creative Arts) Berlin, Germany
2005 Kreisgymnasium Leipzig, Germany

SKILLS:

Languages: German (mother tongue), English (fluent)
Computer: advanced knowledge of MS Office

REFERENCES:

Available upon request

Referenzen

Da es in Neuseeland keine Arbeitszeugnisse gibt, orientieren sich potenzielle Arbeitgeber oft an Empfehlungsschreiben oder mündlichen Empfehlungen ehemaliger Arbeitgeber, Lehrer oder anderen kompetenten Personen, wie z. B. dem Vorsitzenden eines Vereins, in dem man Mitglied ist. Diese Referenzgeber werden am Ende des Lebenslaufes genannt und kommen idealerweise aus dem beruflichen oder akademischen Umfeld des Bewerbers. Alternativ können Referenzgeber auch ein Empfehlungsschreiben aufsetzen, das der Bewerbung beigelegt wird. Das Schreiben muss auf Englisch verfasst sein und sollte natürlich nur positives über den Bewerber aussagen. Die meisten Arbeitgeber verzichten darauf Referenzgeber in Deutschland zu kontaktieren, dennoch sollten die genannten Personen auf so einen Anruf oder eine E-Mail vorbereitet sein.

Zeugnisse

Zeugnisse über Computerkurse und andere Fortbildungskurse sollten, sofern sie relevant sind, ins englische übersetzt und falls verlangt einer Bewerbung beigelegt werden. Handelt es sich bei den Jobs um Neben- und Gelegenheitsjobs, müssen diese Zeugnisse normalerweise nicht beglaubigt sein. Sind bereits neuseeländische Zusatzzertifikate vorhanden, sollte dies in der Bewerbung erwähnt werden.

Vorstellungsgespräch

Wird man zu einem Vorstellungsgespräch eingeladen, hat man den potenziellen Arbeitgeber bereits mit seinen Bewerbungsunterlagen überzeugt. Im Bewerbungsgespräch gilt es, den positiven Eindruck zu bestätigen und die persönliche und anforderungsbezogene Eignung unter Beweis zu stellen. Dazu gehört neben einer offenen, selbstbewussten Haltung auch eine gepflegte Erscheinung. Egal, für welchen Job man sich bewirbt, gute Kleidung und ein gepflegtes Äußeres sind immer wichtig. Männer sollten eine schwarze Hose, ein weißes Hemd und möglichst eine Krawatte tragen. Frauen können einen Rock oder eine schicke Hose und eine neutrale Bluse anziehen. Bewerber sollten sich umfassend über den potenziellen Arbeitgeber informieren und das Vorstellungsgespräch vorab mit Freunden üben. Auftreten und sprachliches Ausdrucksvermögen können dadurch verbessert werden. Ist das Vorstellungsgespräch gut gelaufen, erhält man entweder eine Zusage oder man wird zum Probearbeiten eingeladen. Wer bis hierher gekommen ist, kann nun beim Probearbeiten noch einmal unter Beweis stellen, dass er für den Job geeignet ist.

Steuern und Finanzen

Einkommenssteuer

Jeder, der in Neuseeland arbeitet, muss Einkommenssteuern zahlen, auch Backpacker. Die zu zahlenden Steuern werden automatisch vom Gehalt abgezogen und vom Arbeitgeber an das Finanzamt abgeführt. Dieses Verfahren nennt sich Pay As You Earn (PAYE). Die Steuersätze sind je nach Einkommen gestaffelt. Mit einem zeitlich befristeten Arbeitsvisum, wie z. B. dem Working Holiday Visum, zahlt man bei einem Jahreseinkommen von 0 bis 14.000 NZD (9.073 EUR) 10,5 Prozent Steuern. Wer bis zu 48.000 NZD (31.107 EUR) verdient, zahlt 17,5 Prozent, bis 70.000 NZD (45.365 EUR) werden 30 Prozent fällig, bei einem Verdienst über 70.000 NZD sogar 33 Prozent. Wer ohne Steuernummer arbeitet, zahlt den Spitzensteuersatz von 45 Prozent. Zudem wird ein Beitrag in Höhe von 1,7 Prozent zur staatlichen Unfallversicherung abgezogen. Zuständig für Steuerangelegenheiten ist das Inland Revenue Department (www.ird.govt.nz), auf deren Webseite alle Informationen rund um das Thema Steuern zu finden sind.

Steuernummer (IRD Number)

Wer nicht den Höchststeuersatz von 45 Prozent zahlen möchte, muss beim neuseeländischen Finanzamt, dem Inland Revenue Department, eine Steuernummer beantragen. Dies ist erst nach Einreise ins Land möglich. Benötigt wird neben dem Antragsformular (IR595), welches auf der Webseite des Inland Revenue Departments herunter geladen werden kann, der Reisepass mit gültigem Working Holiday Visum sowie ein Arbeitsangebot oder ein internationaler Führerschein. Außerdem wird eine Postadresse in Neuseeland benötigt, an die die IRD-Nummer geschickt werden soll. Das kann eine Postfachadresse oder auch die Adresse des Hostels oder sein.

Den ausgefüllten Antrag bringt man zusammen mit den benötigten Unterlagen sowie leserlichen Kopien aller Dokumente zu einer von der Inland Revenue beauftragten Prüfstelle. Das sind Büros der Automobile Association (AA), PostShops und einige Postverkaufsstellen. Die gemachten Angaben werden von der Inland Revenue geprüft, danach wird die IRD-Nummer innerhalb von acht bis zehn Werktagen per Post an die angegebene Adresse geschickt.

Die IRD-Nummer wird auf Lebenszeit ausgestellt. Bei einer erneuten Einreise nach Neuseeland muss keine neue Steuernummer beantragt werden.

Einkommenssteuererklärung

Das neuseeländische Steuerjahr beginnt am 1. April und endet am 31. März des folgenden Jahres. Man ist nicht verpflichtet eine Steuererklärung einzureichen, darf dies aber freiwillig tun. Wer sich entscheidet, eine Steuererklärung zu machen, muss diese bis zum 7. Juli beim neuseeländischen Finanzamt abgeben.

Backpacker, die nur für kurze Zeit in Neuseeland gearbeitet haben, haben eventuell Anspruch auf eine Steuerrückerstattung. Da man in Neuseeland keinen Steuerfreibetrag geltend machen kann, bekommt man aber normalerweise nur einen kleinen Teil der gezahlten Steuern zurück. Ob man mit einer Rückerstattung rechnen kann, kann über den Online-Rechner „work it out" auf der Internetseite der Inland Revenue (www.ird.govt.nz) errechnet werden.

Für die Steuererklärung wird das Formular IR3 der Inland Revenue und ein Summery of Earnings Beleg (Angaben über das Gesamteinkommen) benötigt. Das IR3 Formular ist in jedem Inland Revenue Büro und auf deren Webseite erhältlich. Der Summery of Earnings Beleg wird vom Finanzamt erstellt und jeweils im Mai verschickt. Er enthält alle Verdienste sowie abgeführte Steuern. Die Steuererklärung kann in jedem Büro der Inland Revenue eingereicht werden.

Wem die Steuererklärung zu aufwendig oder kompliziert ist, kann diese auch von einem Steuerberaterbüro (tax agency) machen lassen. Büros gibt es in jeder größeren Stadt. Einige haben sich inzwischen auch auf Arbeitsurlauber spezialisiert. Adressen der Steuerberaterbüros findet man in den Backpackermagazinen, die in allen Hostels und Backpackerreisebüros ausliegen, im Internet oder in den Gelben Seiten (www.yellow.co.nz). Der Service solcher Büros ist nicht kostenlos. Die Gebühren errechnen sich in der Regel aus einem Prozentsatz der erhaltenen Steuerrückzahlung.

Bankkonto

Damit der Arbeitgeber den Lohn zahlen kann, wird ein neuseeländisches Bankkonto benötigt. Das Konto kann online oder am Bankschalter mit Adressnachweis (z. B. Stromrechnung) und Reisepass beantragt werden. Je nach Bank werden eventuell zusätzliche Dokumente, wie z. B. ein Arbeitsvertrag benötigt. Die Bankkarte und die Geheimzahl werden innerhalb von etwa einer Woche nach Beantragung des Kontos per Post an die bei der Kontoeröffnung angegebene Adresse zugeschickt. Mit der Bankkarte kann dann, ähnlich wie mit der Maestro-Karte in Deutschland, fast überall bargeldlos per EFTPOS (electronic funds transfer at point of sale) bezahlt werden. In vielen Geschäften und Supermärkten kann zudem beim Bezahlen gleichzeitig Bargeld abgehoben werden. Außerdem erhält man rund um die Uhr am Automaten Geld.

Da alle Banken unterschiedliche Kontotypen haben, kann an dieser Stelle kein bestimmtes Konto empfohlen werden. Die Kontotypen der verschiedenen Banken können alle online miteinander verglichen werden, sodass jeder das für sich am besten geeignete Konto finden kann. Generell kann man jedoch sagen, dass sich die verschiedenen Kontotypen der großen Banken alle ähnlich sind: Die Kontoführungsgebühren liegen bei ca. 5 bis 6 NZD (3 bis 4 EUR) pro Monat. Elektronische Transaktionen (Geld abheben an Automaten, Onlineüberweisungen oder bezahlen in Geschäften) sind in der Regel bei allen Konten unbegrenzt enthalten. Schalterbediente Transaktionen (Geld abheben, Überweisungen oder Scheckeinlösungen am Schalter) kosten zwischen 2 und 3 NZD (1,30 bis 2,00 EUR). Die Benutzung von Geldautomaten anderer Banken kostet bei den meisten Banken ebenfalls zwischen 2 und 3 NZD. Verschiedene Backpacker haben mit dem MyMoney Konto der BNZ (www.bnz.co.nz) gute Erfahrungen gemacht. Die Kontoführungsgebühren betragen 5 NZD im Monat, Transaktionen sind kostenlos. Ebenfalls populär unter Backpackern ist das Omni Konto der ASB Bank (www.asb.co.nz). Das Omni Konto ist kostenlos, elektronische Transaktionen kosten 0,40 NZD (0,25 EUR), schalterbediente Transaktionen 0,80 NZD (0,50 EUR). Beide Banken haben Filialen und Bankautomaten in ganz Neuseeland.

REISEN

Sehenswürdigkeiten

Auckland

Auckland ist die mit Abstand größte Stadt Neuseelands und für die meisten Besucher der Startpunkt einer Neuseelandreise. Die auf der Nordinsel liegende Stadt ist durch über 50 inaktive Vulkane geprägt und fast vollständig vom Meer umschlossen. Im Hafen ankern Tausende Segelboote, was Auckland den Beinamen „City of Sails" (Stadt der Segel) einbrachte. In zahlreichen Restaurants kann die Kochkunst der internationalen Bevölkerung probiert werden. Lebhafte Szeneviertel mit zahlreichen Bars, Straßencafés und Modeboutiquen, beliebte Sehenswürdigkeiten und ein vielseitiges Kulturprogramm machen den Aufenthalt in Auckland zu einem unvergesslichen Erlebnis.

Bay of Islands

Die Inselwelt der Bay of Islands liegt an der Ostküste der Nordinsel und ist mit seinen 150 Inseln ein Paradies für Wassersportler. Die Inseln können per Segelboot, Kanu oder Kajak erkundet werden. Das klare Wasser lädt zum Tauchen, Schnorcheln und Schwimmen mit Delfinen ein. Der Gründungsort Neuseelands hat zudem mehrere historisch bedeutende Ortschaften, die auf Wanderungen erkundet werden können.

Waitomo

Die hügelige Landschaft von Waitomo ist von Schächten durchsetzt, die in ein unterirdisches Labyrinth aus Tropfsteinhöhlen führen. Die Haupthöhle (Waitomo-Glühwürmchen-Höhle), an deren Decke Tausende von Glühwürmchen hängen, wird von einem Bach durchflossen. Besucher können das Lichterspektakel auf einer Bootstour beobachten. Abenteuerlustige haben die Möglichkeit auf Gummireifen treibend (Black Water Rafting) die Höhlen zu erkunden.

Rotorua

Rotorua liegt in einem der geothermisch aktivsten Gebiete der Erde mit heißen Quellen, blubbernden Schlammlöchern und hoch aufschießenden Geysiren. In der Luft liegt ein permanenter Schwefelgeruch, an einigen Stellen in der Stadt strömt heißer Dampf aus dem Boden. Im Wai-O-Tapu Thermal Wonderland können farbige Thermalquellen und die bis zu 20 Meter hohe Wasserfontäne des Lady-Knox-Geysirs bestaunt werden. Rotorua ist der beste Ort um einen Einblick in die Kultur der Maori zu erhalten. In den Maoridörfern rund um die Stadt können Touristen die Versammlungshäuser der Ureinwohner besuchen und bei einem traditionellen Hāngi-Abendessen die Herzlichkeit der Maori kennenlernen.

Tongariro Nationalpark

Der Tongariro Nationalpark ist ein beliebtes Ski- und Wandergebiet im Zentrum der Nordinsel. Im ältesten Nationalpark Neuseelands befinden sich neben wichtigen Maori-Kultstätten auch drei aktive Vulkane. Die Landschaft ist geprägt von Gletschertälern, heißen Quellen und erkalteten Lavaströmen. Die Alpine Tongariro-Überquerung (Tongariro Alpine Crossing) gehört zu den schönsten Wanderungen im Park. Der 19,4 Kilometer lange Treck kann an einem Tag gelaufen werden und führt vorbei an riesigen Kratern, bizarren Mondlandschaften, heißen Quellen und den türkis schimmernden Emerald Lakes.

Wellington

Wellington ist die Hauptstadt Neuseelands und das politische Zentrum des Landes. Die Stadt liegt am südlichen Ende der Nordinsel, umgeben von grünen Hügeln und einem wunderschönen Hafen. Herr der Ringe Fans können hier einen Blick hinter die Kulissen der Filmindustrie werfen und Tagestouren in die Mittelerde Landschaft unternehmen. Aufgrund der zahlreichen Boutiquen, Cafes, Restaurants, Kunstgalerien, Museen, Theatern und Festivals gilt Wellington auch als Kultur- und Kunsthauptstadt des Landes.

Abel Tasman Nationalpark

Der Abel Tasman Nationalpark ist Neuseelands kleinster Nationalpark. Er befindet sich an der Nordküste der Südinsel und ist vor allem für seine türkisfarbenen Buchten, goldenen Sandstrände und steilen Granitfelsen bekannt. Die einsamen Buchten mit glasklarem Wasser laden zum Schwimmen und Schnorcheln ein. Besucher haben auch die Möglichkeit zu fischen, tauchen, segeln, Kajak fahren und wandern. Zahlreiche Wanderpfade bieten wunderschöne Ausblicke auf traumhafte Buchten und exotische Küstenvegetation.

Kaikoura

Das kleine Fischerdorf Kaikoura, an der Ostküste der Südinsel, war einst ein verschlafener Ort mit Langustenfischerei. Heute kommen jedes Jahr unzählige Touristen, um mit Delfinen zu schwimmen und Wale zu beobachten. Langusten sind noch immer eine Spezialität dieser Region und stehen in zahlreichen Restaurants und Imbissbuden auf der Speisekarte.

Fox- und Franz-Josef-Gletscher

Der Westland Nationalpark erstreckt sich von den schneebedeckten Gipfeln der Neuseeländischen Alpen bis zu unberührten Stränden an der Westküste Neuseelands. Im Park befinden sich mehrere Gletscher. Die bekanntesten sind der Fox-Gletscher und Franz-Josef-Gletscher, die sich bis in den grünen Regenwald erstrecken. Die Gletscher können auf ungeführten und geführten Wanderungen, bei gutem Wetter auch aus der Luft beobachtet werden.

Napier

Die kleine Küstenstadt Napier gilt als eine der schönsten Art-déco-Städte der Welt, was sie ausgerechnet einer der schlimmsten Naturkatastrophen Neuseelands zu verdanken hat. 1931 legte ein schweres Erdbeben die Stadt innerhalb weniger Minuten in Schutt und Asche. Doch bereits 1933 war Napier im seinerzeit angesagten Art-déco-Stil wieder aufgebaut. Heute kommen jedes Jahr Tausende

Besucher, um die Art déco-Atomosphäre der Stadt und die beliebten Weine der Region zu genießen.

Marlborough Weinregion

Die sonnenreiche Marlborough Region am nordöstlichen Ende der Südinsel ist das größte und bekannteste Weinanbaugebiet Neuseelands. Der hier produzierte Sauvignon Blanc gilt als einer der besten Weine der Welt. Besucher können in fast allen Weinkellereien Weine probieren und den Ausblick auf die malerisch schöne Landschaft genießen.

Mount Cook

Der Mount Cook ist mit 3.754 Metern der höchste Berg Neuseelands. Er befindet sich in den Neuseeländischen Alpen auf der Südinsel im Aoraki/Mount Cook Nationalpark und ist Ausgangspunkt für zahlreiche Aktivitäten, wie Wandern, Bergsteigen und Skifahren. 40 Prozent des Parkes sind von Gletschern bedeckt. Der bekannteste Gletscher ist der 27 km lange Tasman-Gletscher an den Hängen des Mount Cook.

Christchurch

Christchurch gilt als die englischste Stadt Neuseelands, was sich vor allem in der Architektur der Häuser bemerkbar macht. Auch die zahlreichen Reihenhäuschen mit den kleinen Vorgärten erinnern an England. Die zweitgrößte Stadt Neuseelands liegt an der Ostküste der Südinsel und bietet eine ideale Mischung aus internationaler Metropole und urbaner Kleinstadt. Zahlreiche Parks und Grünanlagen, Theater, Galerien, Restaurants und Cafés sowie eine lebendige Studentenszene prägen das Bild der Stadt.

Milford Sound

Der Milford Sound ist ein 15 Kilometer langer Fjord an der Westküste der Südinsel. Der zum Weltnaturerbe der UNESCO gehörende Fjord wird von steilen, bis zu 1.200 Meter hohen Felswänden umgeben. An den Seiten wächst Regenwald, im Wasser leben Delfine, Robben und Pinguine. Obwohl der Milford Sound zu den regenreichsten Gebieten der Erde zählt, beeinträchtigt dies einen Besuch nicht. Jeder Regenfall lässt spektakuläre Wasserfälle an den steilen Felswänden entstehen, von denen einige eine Länge von bis zu 1.000 Metern erreichen.

Queenstown

Queenstown ist die Adrenalin-Hauptstadt Neuseelands und das Highlight für Leute, die den absoluten Nervenkitzel suchen. Touristen können sich hier am Bungee-Seil von einer Brücke fallen lassen, mit dem Fallschirm aus einem Flugzeug springen oder im Schlauchboot tosende Flüsse herab fahren. Die Lage am Lake Wakatipu, umgeben von majestätischen Bergketten macht Queenstown außerdem zu einem beliebten Startpunkt für Wanderungen in die Umgebung. Obwohl die Stadt mit nur 10.000 Einwohnern sehr klein ist, kann sie mit einem riesigen Unterhaltungsprogramm überzeugen. Unzählige Cafes und Bars sind in der Innenstadt zu finden. In zahlreichen Bars wird Live-Musik gespielt und bis in die Morgenstunden getanzt.

Transportmöglichkeiten

Die Auswahl an Reisemöglichkeiten innerhalb Neuseelands ist vielseitig. Wer möglichst schnell von einem Ort zum anderen gelangen möchte, kann günstige Inlandsflüge buchen. Wer mehr Zeit hat, kann zwischen Bus, Bahn, Auto, Rad oder Abenteuertour wählen. Auch eine Kombination aus verschiedenen Fortbewegungsmitteln ist möglich. Nachfolgend werden die wichtigsten Transportmöglichkeiten für Backpacker vorgestellt.

Flugzeug

Inlandsflüge sind ideal für alle, die wenig Zeit haben oder große Entfernungen mit dem Flugzeug zurücklegen möchten. Als größte Fluggesellschaft des Landes fliegt Air New Zealand (www.airnewzealand.com) alle wichtigen Orte des Landes an. Auch die australische

Fluglinie Jetstar (www.jetstar.com) hat zahlreiche Verbindungen zwischen den größten Städten des Landes. Verschiedene Regionalanbieter bedienen abgelegene Inseln, wie z. B. Stewart Island oder Chatham Islands. Tickets können bequem per Kreditkarte über das Internet gebucht werden. Eine Buchung im Reisebüro ist ebenfalls möglich, dort können jedoch zusätzlich Buchungsgebühren anfallen.

Linienbus

Linienbusse sind die billigsten und beliebtesten Fortbewegungsmittel unter Backpackern. Die größte Busgesellschaft des Landes, Inter City Coachlines (www.www.intercity.co.nz), fährt über 700 Ziele in ganz Neuseeland an und verkehrt auf beiden Inseln. Zahlreiche lokale Anbieter, wie Atomic Travel (www.atomictravel.co.nz) oder Southern Link Travel (www.southernlinkkbus.co.nz) beschränken ihren Service auf die Nord- bzw. Südinsel. Ergänzt wird das Streckennetz durch regionale Shuttle Services, die oft nur eine Strecke bedienen, wie der West Coach Shuttle (www.westcoastshuttle.co.nz), der Greymouth mit Christchurch verbindet.

Tickets können online, in Reisebüros oder direkt im Büro der Busgesellschaft gekauft werden. Da die Busse vor allem in der Hochsaison und über Weihnachten, Neujahr und Ostern schnell ausgebucht sind, sollten Reservierungen möglichst frühzeitig gemacht werden. Inhaber einer Rabattkarte, wie ISIC-, VIP-, BBH-, Nomads- oder YHA-Karte, erhalten bei einigen Busunternehmen einen Rabatt. Wer früh genug bucht, in der Regel drei bis sechs Monate im Voraus, kann auf vielen Strecken bereits ab 1 NZD (0,65 EUR) fahren. Die Buchungszeiträume für 1 NZD Tickets und andere Sonderangebote werden im Newsletter, der jeweiligen Busgesellschaft bekannt gegeben.

Buspässe

Neben einfachen Fahrkarten bieten die Busunternehmen auch Buspässe an. Wer sich zu Anfang seiner Reise entscheidet, hauptsächlich mit dem Bus durch Neuseeland zu fahren, fährt mit den diversen Buspässen eventuell billiger. Markführer InterCity Coachlines bietet verschiedene Buspässe an, die speziell auf Backpacker zugeschnitten sind. Grundsätzlich stehen drei Passarten zur Auswahl:

Flexipass
Mit dem Flexipass wird eine bestimmte Anzahl an Fahrstunden gekauft, die auf dem gesamten Streckennetz von InterCity Coachlines routenunabhängig in jede Richtung abgefahren werden können. Die Pässe sind ab dem ersten Reisetag zwölf Monate gültig. Da der Flexipass mit der Menge der gekauften Stunden günstiger wird, sollte man schon beim Kauf ungefähr wissen, wie lange gereist werden soll. Um zu ermitteln, wie viele Fahrstunden benötigt werden, können auf flexipass.intercity.co.nz anhand einer Tabelle die benötigten Stunden zusammengerechnet werden. Zusätzlich empfiehlt es sich, ein paar Stunden dazuzurechnen, um auf eventuelle Routenänderungen vorbereitet zu sein. Gehen während der Reise die Stunden aus, können weitere Fahrstunden vor Ort nachgekauft werden. Günstiger ist es jedoch, bereits beim Kauf die richtige Stundenanzahl zu kaufen. Wer am Ende seiner Reise noch Stunden übrig hat, muss diese nicht verfallen lassen. Der Flexipass ist übertragbar und kann an andere Reisende verkauft werden.

Flexitrips
Mit dem Flexitripspass wird eine bestimmte Anzahl an Trips gekauft, die auf dem gesamten Streckennetz von Intercity Coachlines routenunabhängig in jede Richtung abgefahren werden können. Auch diese Pässe sind ab dem ersten Reisetag zwölf Monate gültig. Die Anzahl der benötigten Teilstrecken kann auf der Website flexitrips.intercity.co.nz ermittelt werden. Der Flexitripspass ist übertragbar und kann jederzeit an andere Reisende verkauft werden.

Travelpass
Der Travelpass ermöglicht das Reisen entlang einer festgelegten Reiseroute in eine bestimmte Richtung, auf der unterwegs beliebig oft ein- und ausgestiegen werden kann. Die Pässe sind zwölf Monate ab dem ersten Tag der Nutzung gültig. Pässe mit einer vorab festgelegten Route sind meist etwas günstiger, dadurch aber auch unflexibel. Ändert man unterwegs seine Meinung und möchte in eine andere Richtung weiterreisen, ist dies mit einem Travelpass

nicht möglich. Ein Travelpass eignet sich deshalb eher für Backpacker die nur drei bis sechs Monate in Neuseeland bleiben.

Neben InterCity Coachlines bietet auch das Busunternehmen Naked Bus (www.nakedbus.com) einen Buspass an. Das gute Streckennetz deckt alle größeren Städte sowie touristisch interessante Orte ab. Mit dem Naked Bus Pass wird eine bestimmte Anzahl an Trips gekauft, die auf dem gesamten Naked Bus Streckennetz abgefahren werden können. Die Pässe sind ab dem ersten Reisetag zwölf Monate gültig.

Inhaber einer Rabattkarte, wie der BBH-, ISIC-, VIP-, Nomads- oder YHA-Karte, erhalten auf einfache Tickets und Buspässe bei InterCity Coachlines einen Rabatt. Tickets können online, in Reisebüros, Hostels oder direkt bei der Busfahrtgesellschaft gekauft werden.

Backpacker Bus

Neben zahlreichen Linienbussen, die von Touristen und Einheimischen gleichermaßen genutzt werden, gibt es verschiedene Backpacker Busse, die die wichtigsten Touristenrouten des Landes abdecken. Die hop on hop off Backpacker Busse sind eine Mischung aus Linienbus und Tourunternehmen. Man kauft einen Pass für eine festgelegte Reiseroute und kann diese innerhalb von zwölf Monaten in eine Richtung abfahren, an verschiedenen Orten aus- und zu einem späteren Zeitpunkt wieder einsteigen. Die Reiserouten führen an allen Sehenswürdigkeiten Neuseelands entlang. Da die Busse nicht auf den Highways, sondern auf Nebenstraßen fahren, hat man die Möglichkeit viel von der Landschaft zu sehen. Oft wird an interessanten Punkten auch ein Fotostopp gemacht. Die Busfahrer sind alle jung und eine Mischung aus Reiseführer, Entertainer und Fahrer. Neben Infos zu Land und Leuten können sie jede Menge Tipps zu den besten Einkaufsmöglichkeiten, Restaurants und Bars in den jeweils angefahrenen Orten geben.

Am Reisetag werden die Teilnehmer am Hostel abgeholt und am Ankunftsort im Hostel wieder abgesetzt. Die Busse kommen mehrmals in der Woche an verschiedenen Hostels vorbei. Der Sitzplatz kann per Internet oder Telefon zwei bis drei Tage vor dem gewünschten Reisedatum gebucht werden. Die Kosten für die Unterkunft sind nicht im Ticketpreis enthalten und müssen extra bezahlt werden. Die Busunternehmen fahren in jedem Ort ein paar ausgewählte Hostels an, um Mitreisende dort abzusetzen, was die meisten Reisenden auch in Anspruch nehmen. Die Unterkunft kann jedoch von jedem Reisenden frei gewählt werden. Die Übernachtung auf dem Zeltplatz oder bei Freunden in einer WG ist also auch möglich, nur wird man dort nicht abgesetzt, sondern direkt vor einem Hostel, von wo man sich dann selbst den Weg zur Unterkunft suchen muss.

Da die Mitreisenden oft sehr jung sind, haben die Backpacker Busse, vor allem Kiwi Experience, den Ruf Party Busse zu sein. Nicht selten wird im Bus gefeiert und laut gesungen. Die Teilnehmer steigen meist im selben Hostel ab und feiern abends weiter. Backpacker sind geteilter Meinung. Einige lieben das Konzept, Andere mögen es überhaupt nicht.

Tickets können online, im Reisebüro oder im Hostel gebucht werden. Die Tickets sind zwölf Monate gültig und enthalten zum Teil bereits Aktivitäten wie Sandboarding oder Bungee Jumps. Andere Aktivitäten und Unterkünfte können dazu gebucht werden. Mit einer ISIC-, BBH-, VIP-, YHA- oder Nomads-Karte erhält man einen Rabatt.

Kiwi Experience (www.kiwiexperience.com)
Stray Travel (www.straytravel.com)
Magic Bus (www.magicbus.co.nz)

Abenteuertouren

Da viele Sehenswürdigkeiten Neuseelands, wie der Abel Tasman Nationalpark oder der Fox and Franz Josef Gletscher, nicht mit öffentlichen Verkehrsmitteln zu erreichen sind, gibt es zahlreiche Reiseveranstalter, die Touren in solche Regionen anbieten. Angeboten werden Ausflüge und Abenteuertouren in allen Regionen des Landes, mit einer Dauer von einem oder mehreren Tagen bis hin zu Wochen. Viele dieser Veranstalter sind auf Backpacker spezialisiert. Demzufolge bestehen die Reisegruppen in der Regel aus jungen

Leuten im Alter von 18 bis ca. 35 Jahren und sind auf Spaß und Abenteueraktivitäten ausgelegt. Geschlafen wird in Hostels, Hütten, Zelten oder Lodges. Die Verpflegung ist meist im Preis inbegriffen. Touren von einem halben oder ganzen Tag sind Stadtrundfahrten oder Ausflüge zu unweit von der jeweiligen Stadt entfernten Sehenswürdigkeiten wie den Waitomo Caves bei Rotorua. Für Nationalparks und andere landschaftliche Attraktionen ist ein Tagesausflug in der Regel zu kurz. Deshalb dauern Touren in solche Regionen oft mehrere Tage. Je nach Veranstalter wird in Hostels, Hütten oder Zelten übernachtet. Die Teilnehmerzahl liegt bei etwa 10 bis 20 jungen Leuten aus aller Welt, die auch beim Auf- und Abbau der Zelte sowie der Zubereitung von Mahlzeiten helfen. Für Tagestrips und Übernachttrips werden die Teilnehmer vom Veranstalter von der Unterkunft abgeholt und am Ende der Tour wieder zur Unterkunft zurück gebracht. Wer in relativ kurzer Zeit möglichst viel sehen will, ist mit einer Einweg-Tour (one way tour) gut beraten. Die Reiseveranstalter bieten eine Vielzahl verschiedener Routen an. Populäre Routen sind z. B. Trips von Auckland nach Christchurch oder Queenstown. Ähnlich wie bei mehrtägigen Touren wird auch hier im Hostel oder im Zelt übernachtet. Die Teilnehmer haben jedoch ihr gesamtes Gepäck während der Reise dabei. Informationen zu Tagesausflügen und Abenteuertouren findet man in Hostels, Reisebüros oder dem Touristeninformationszentrum, wo zahlreiche Prospekte und Broschüren ausliegen. Die Touren können dort oder auch direkt beim Reiseveranstalter gebucht werden. Da längere Touren seltener stattfinden und oft schnell ausgebucht sind, empfiehlt es sich, solche Touren einige Wochen im Voraus zu buchen. Halbtags- und Tagestouren können dagegen spontan vor Ort gebucht werden. Da sie normalerweise täglich durchgeführt werden, sind sie selten komplett ausgebucht und somit ist fast immer ein Platz frei.

Flying Kiwi (www.flyingkiwi.com)
Absolute Bus (www.absolutebus.co.nz)
Haka Tours (www.hakatours.com)
NZ Ventures (www.nzventures.co.nz)
Intrepid Travel (www.intrepidtravel.com)
Adventure Tours (www.adventuretours.com.au)
Contiki (www.contiki.com)

Zug

Der Zugverkehr in Neuseeland dient hauptsächlich dem Reiseerlebnis und nicht dem schnellen Vorankommen. Zugfahrten sind daher eine hervorragende Alternative das Land zu sehen. KiwiRail Scenic Journeys (ehemals TransScenic) betreibt drei Strecken, die durch die atemberaubende Landschaft Neuseelands führen:

Der Northern Explorer (ehemals Overlander) verbindet auf der Nordinsel die Millionenstadt Auckland mit der Hauptstadt Wellington. Die etwa zwölf Stunden dauernde Fahrt führt durch das vulkanische Zentrum der Nordinsel, vorbei an grünem Farmland, spektakulären Schluchten und über die weltberühmte Raurimu Spirale, die es dem Zug ermöglicht, in nur sechs Kilometern 221 Höhenmeter zu erklimmen.

Auf der Südinsel fährt der Coastal Pacific (ehemals TranzCoastal) rund 350 km von Picton über Kaikoura nach Christchurch. Die Fahrt führt entlang an türkisfarbenem Wasser des Südpazifik auf der einen Seite und der Kaikoura Bergkette auf der anderen Seite. Während der 5,5-stündigen Fahrt passiert der Zug insgesamt 22 Tunnel und 175 Brücken.

Der TranzAlpine fährt zwischen der Ost- und der Westküste der Südinsel von Christchurch durch die Ebene der Canterbury Plains, schlängelt sich durch das Tal des Waimakariri Flusses, erklimmt dann die schneebedeckten Berge der Neuseeländischen Alpen und fährt schließlich durch dichten Regenwald an die Westküste bis nach Greymouth. Dabei überquert er 16 Tunnel und 5 bis zu 73 Meter hohe Viadukte.

Alle Züge sind voll klimatisiert, bieten viel Bewegungsfreiheit und haben teilweise große Panoramafenster sowie Open-Air-Abteile. Für Verpflegung wird im Speisewagen und Bistro gesorgt.

Tickets sind im Internet bei KiwiRail Scenic Journeys (www.kiwirail scenic.co.nz), in Reisebüros, Touristen-Informationsstellen und vielen Bahnhöfen erhältlich. Inhaber einer Rabattkarte wie der ISIC-, BHH-,

VIP- oder YHA-Karte, erhalten einen Rabatt. Es wird empfohlen, einige Tage im Voraus zu buchen.

Fahrrad

Neuseeland mit dem Fahrrad zu erkunden gehört zu den schönsten aber auch anstrengendsten Reisemöglichkeiten. Spektakuläre Landschaften, saubere Straßen und gute Wetterbedingungen machen Neuseeland zu einem beliebten Reiseziel für Radfahrer. Da Hostels und Campingplätze fast überall zu finden sind, ist es auch für Hobbyfahrer möglich, innerhalb eines Tages von einer Unterkunft zur nächsten zu fahren. Größere Distanzen können mit öffentlichen Verkehrsmitteln überbrückt werden. Gegen eine Gebühr von etwa 10 NZD (6,50 EUR) erlauben einige Busunternehmen die Mitnahme eines Fahrrades.

Gefahren werden darf auf allen Straßen, außer den Motorways. Ausgewiesene Radwanderwege sind kaum vorhanden. Radwege gibt es fast nur in den Großstädten. Die meisten Straßen sind mit grobem Asphalt belegt. Nebenstraßen sind meist geschottert. Ein Mountainbike eignet sich daher besser als ein Rennrad. Das Fahrrad sollte mit einer gut funktionierenden Gangschaltung, einem stabilen Gepäckträger und robusten Gepäcktaschen ausgestattet sein. Es wird empfohlen reflektierende Kleidung zu tragen, damit man von überholenden Autos und Trucks gesehen wird. Das Tragen eines Fahrradhelms ist Pflicht.

Fahrräder, Ausrüstung und Werkstätten sind in allen größeren Städten zu finden. Wer nur kurze Touren unternehmen möchte, kann sich in vielen Hostels oder Fahrradgeschäften ein Fahrrad ausleihen. Leihräder kosten zwischen 10 und 20 NZD (6,50 und 13 EUR) pro Stunde, 30 und 50 NZD (20 und 30 EUR) pro Tag, 100 und 150 NZD (65 und 100 EUR) pro Woche und 250 und 300 NZD (160 und 200 EUR) pro Monat.

Wer in Neuseeland ein Fahrrad kaufen möchte, muss mit 700 bis 800 NZD (450 bis 520 EUR) für ein neues Model rechnen. Ältere Modelle kosten zwischen 400 und 600 NZD (260 und 400 EUR), sind aber schwerer zu finden. Gebrauchte Räder sind schon für ca. 150 NZD (100 EUR) erhältlich, allerdings sind Gebrauchträder nicht immer in einem guten Zustand. Einige Fahrradläden bieten eine Rückkaufgarantie an, und kaufen das Rad am Ende der Reise zum halben Preis garantiert zurück.

Wer sein eigenes Fahrrad nach Neuseeland mitbringen möchte, sollte sich rechtzeitig bei der Fluggesellschaft über eventuell anfallende Kosten und Verpackungsvorschriften informieren.

Independent Cycle Tours NZ (www.cyclehire.co.nz)
Mud Cycles (www.mudcycles.co.nz)
Mountain Bike Rental (www.cyclenewzealand.com)

Auto

Mit dem eigenen Auto durch Neuseeland zu reisen, ist der beste Weg, das Land ungebunden und flexibel zu erkunden. Abgelegene Orte, die nicht mit öffentlichen Verkehrsmitteln zu erreichen sind, können bequem angefahren werden und Haltestopps sind jederzeit möglich. Je nach Fahrzeugtyp kann auch im Auto übernachtet werden, falls man im Hostel keinen Schlafplatz findet oder Geld gespart werden muss. Was beim Autokauf oder der Miete eines Fahrzeugs beachtet werden muss, wird im nachfolgenden Abschnitt genau erklärt.

Was für ein Fahrzeug?

Wer ein Fahrzeug kaufen oder mieten möchte sollte zu allererst folgende Fragen beantworten:

Wie viele Personen fahren mit?
Für wie lange wird der Wagen benötigt?
Welche Strecke wird gefahren?
Welche Orte werden besucht?
Soll das Auto als Schlafplatz dienen?
Wie viel Geld steht zur Verfügung?

Bei der Auswahl des Fahrzeugtyps sollte nicht nur der Preis entscheidend sein. Wer das Auto auch als Schlafplatz nutzen möchte, benötigt mindestens einen Kombi oder Campervan. Sollen entlegene Nationalparks erkundet werden, wird ein Allradwagen benötigt. Um die Auswahl des Fahrzeugtyps zu vereinfachen, werden nachfolgend die verschiedenen Fahrzeugty-pen genauer vorgestellt:

PKW (Sedan)
Autos sind klein und haben einen geringen Benzinverbrauch, bieten aber nur wenig Stauraum. Da Übernachten im Auto aus Platzgründen nicht möglich ist, ist ein PKW ideal für Reisende, die unabhängig durch Neuseeland reisen aber nicht im Auto schlafen wollen.

Kombi (Station Wagon)
Kombis eignen sich für Backpacker, die lange Distanzen zurücklegen wollen. Sie bieten viel Stauraum, haben Platz für bis zu sechs Mitfahrer und sind groß genug, um zu zweit darin übernachten zu können. Zudem sind Kombis zuverlässig und Ersatzteile in ganz Neuseeland erhältlich. Durch ihre Popularität bei Backpackern können Kombis in jeder großen Stadt günstig erworben und wieder verkauft werden. Eines der gängigsten Modelle ist der Ford Falcon.

Transporter, Kleinbus, Camper (Van, Minibus, Campervan)
Je nach Model bieten diese Fahrzeugtypen bis zu fünf Sitz- und Schlafplätze. Aufgrund der Motorleistung sind sie jedoch besser für zwei Personen geeignet. Vans und Minibusse sind einfacher zu finden als Campervans und günstiger in der Anschaffung. Aufgrund ihrer Größe kann es in der Großstadt manchmal schwierig werden, einen Parkplatz zu finden. Die bekannten VW-Busse sind noch immer beliebt unter Backpackern, werden aber immer anfälliger für Pannen. Auch Ersatzteile sind schwer zu finden. Für Fahrten in entlegene Gegenden sind die alten VW-Busse daher weniger geeignet. Ersatzteile für Toyota oder Mitsubishi sind dagegen fast überall erhältlich.

Geländewagen (Four Wheel Drive – 4WD)
Wer unbefestigte Straßen befahren möchte, benötigt einen Geländewagen. Die Modelle sind meist groß genug, um darin übernach-

ten zu können, aber für das Fahren in der Stadt weniger geeignet. Sie sind etwas teuer in der Anschaffung und Unterhaltung als PKWs und Campervans.

Wohnmobil (Motorhome)
Wohnmobile gibt es in verschiedenen Varianten. Die Größe und Ausstattung reicht von klein und einfach bis groß und luxuriös. Zur Grundausstattung gehören Betten, Esstisch und Kochmöglichkeiten. Größere Fahrzeuge verfügen oft auch über ein eigenes WC und eine Dusche. Wohnmobile sind ideal für vier oder mehr Personen, die auf einen gewissen Standard nicht verzichten möchten. Allerdings sind Anschaffung und Benzinverbrauch hoch. Aufgrund der Größe ist es zudem schwierig, in der Stadt einen Parkplatz zu finden.

Autokauf

Wer in Neuseeland ein Fahrzeug kaufen möchte, wird auf dem Gebrauchtwagenmarkt schnell fündig. Populäre Modelle, wie der Ford Falcon, sind leicht zu finden, denn sie werden von Backpackern immer wieder gekauft und verkauft. Da viele dieser Fahrzeuge jedoch schon sehr alt und bereits mehrmals durch Neuseeland gefahren sind, sind sie selten in einem guten Zustand. Die häufigsten Mängel sind durchgerostete Karosserien, abgefahrene Reifen und nicht funktionierende Bremsen. Mit etwas Ausdauer und Geduld lässt sich aber auch ein gut erhaltener Gebrauchtwagen finden.

Bevor der Kaufvertrag unterschrieben wird, sollte das Fahrzeug genau unter die Lupe genommen und Probe gefahren werden. Rost am Lack ist nicht schlimm, nur wichtige Teile, wie das Fahrgestell, dürfen nicht befallen sein. Der Motor sollte keine Nebengeräusche machen, Lenkung und Bremens einwandfrei funktionieren. Sind die Reifen stark abgefahren, können sie für ca. 120 NZD (70 EUR) pro Stück erneuert werden. Aufgrund des Klimas werden die Autos in Neuseeland keinen extremen Temperaturschwankungen wie bei uns in Deutschland ausgesetzt, was zur Folge hat, dass viele Autos auch nach 15 bis 20 Jahren noch wie neu aussehen. Auch das Tempolimit von 100 km/h bewirkt, dass die Motoren nicht überstrapaziert werden und länger halten. Dadurch sind auch ältere Fahrzeuge mit einer hohen Kilometerzahl häufig noch in einem guten Zustand.

Wer unsicher ist, sollte das Fahrzeug vor dem Kauf in einer Werkstatt durchchecken lassen. Das Risiko ein mangelhaftes Fahrzeug zu kaufen, kann auch durch eine Gebrauchtwagenuntersuchung in einer Werkstatt (ca. 150 NZD (100 EUR) oder bei einem Autoklub (ca. 200 NZD 130 EUR) reduziert werden. Generell gilt: Autos von Neuseeländern sind häufig besser gewartet als Autos von Backpackern. Des Weiteren sollte schon beim Kauf des Fahrzeuges an den Wiederverkauf am Ende der Reise gedacht werden, denn je gängiger das Modell, desto leichter lässt es sich verkaufen.

Preise für Gebrauchtwagen

Die Preise für Gebrauchtwagen variieren je nach Stadt, Jahreszeit und Zustand des Autos. Aus diesem Grund ist es nicht möglich, genaue Preise anzugeben. Generell kann man jedoch sagen, dass die Kosten für Gebrauchtwagen in den Sommermonaten von Dezember bis Februar am höchsten und in den Wintermonaten von Juni bis August am geringsten sind. Die nachfolgenden Preise dienen nur als Anhaltspunkt:

Sedan (PKW)
1.800 bis 3.000 NZD (1.166 bis 1.945 EUR)

Station Wagon (Kombi)
2.000 bis 4.000 NZD (1.300 bis 2.600 EUR)

Campervan (Minibus)
3.500 bis 5.000 NZD (2.270 bis 3.240 EUR)

4 Wheel Drive (Geländewagen)
4.500 bis 6.000 NZD (2.915 bis 3.888 EUR)

Motorhome (Wohnmobil)
8.500 bis 10.000 NZD (5.500 bis 6.500 EUR)

Neben dem Kaufpreis müssen zusätzlich 2.500 bis 3.500 NZD (1.620 bis 2.270 EUR) für eventuell anfallende Reparaturen, Zulassung, Versicherung, Campingausrüstung und Spritkosten eingeplant werden.

Ist das Auto am Ende der Reise in einem guten Zustand, lässt es sich normalerweise problemlos wieder verkaufen. Mit etwas Glück kann man sogar den Kaufpreis wieder bekommen. Das größte Fahrzeugangebot findet man in Auckland und Christchurch.

Kraftstoffpreise

Ein Liter Benzin kostet 2,20 NZD (1,42 EUR), ein Liter Diesel kostet 1,45 NZD (0,93 EUR). Dieselfahrzeuge zahlen zusätzlich eine Road User Charge (RUC), die nach gefahrenen Kilometern berechnet wird und im Voraus bezahlt werden muss. Die Gebühr ist abhängig vom Fahrzeugtyp. Fahrzeuge unter 3,5 Tonnen zahlen pro 1.000 km 48 NZD (31 EUR), Fahrzeuge über 3,5 Tonnen zahlen pro 1.000 km 55 NZD (35 EUR).

Die Kosten für Benzin und Diesel sind je nach Region unterschiedlich hoch. Generell kann man sagen: Je abgelegener die Tankstelle, desto teurer der Sprit. In entlegenen Gebieten können die Spritpreise daher enorm steigen. Vor dem Verlassen einer Stadt empfiehlt es sich, noch einmal zu tanken und wenn möglich, die Benzinkanister aufzufüllen.

Wo kaufen?

Private Anzeigen
Angebote für Gebrauchtwagen sind in Hostels, Backpackerreisebüros, lokalen Tageszeitungen, Second Hand- oder Automagazinen zu finden. Die Anzeigen sind meist von Backpackern, die ihre Reise beenden und deshalb ihr Auto verkaufen müssen. Häufig wird die Campingausrüstung gleich mit verkauft. Grundsätzlich sind diese Autos nicht schlechter als andere Gebrauchtwagen. Allerdings gibt es unter privaten Verkäufern immer wieder schwarze Schafe. Häufig werden Autos zum Schnäppchenpreis angeboten, die sich schnell als Flop enttarnen. Aufgrund der Risiken sind Autos, die privat ver-

kauft werden, fast immer günstiger als Autos von Gebrauchtwagenhändlern.

Vor dem Kauf sollte unbedingt geprüft werden, ob auf dem Fahrzeug noch Forderungen Dritter stehen (z. B. Strafzettel) oder ob es als gestohlen gemeldet wurde. Auskunft erhält man z. B. für 25 NZD (16 EUR) durch den LemonCheck der AA.

Backpacker Board (www.backpackerboard.co.nz)
Backpack Car (www.backpack-car.com)
Trade Me (www.trademe.co.nz)

Gebrauchtwagenhändler
Wem das Risiko beim Kauf von privat zu hoch ist, kann sich an einen Gebrauchtwagenhändler wenden, die es in jeder Stadt gibt. Autos, die über einen Händler erworben werden, sind zwar etwas teurer, dafür garantieren die Händler, dass das Fahrzeug nicht als gestohlen gemeldet ist und keine Forderungen Dritter stehen. Auch hier gilt: Alle Vereinbarungen schriftlich festhalten, Verträge genau lesen und ohne Prüfung und Probefahrt eines Autos nichts unterschreiben. Für Campingausrüstung wie Zelt, Matratze und Reservekanister sollten zusätzlich ca. 250 NZD (160 EUR) eingeplant werden. Adressen und Angebote von Autohändlern findet man in diversen Sonntagszeitungen oder den Gelben Seiten (www.yellow.co.nz). Einige Autohändler wie Backpackers Cars (www.backpackerscars.com) haben sich auf Backpacker spezialisiert und bieten eine Rückkaufgarantie an. Dennoch sollte das Fahrzeug auch beim Kauf über einen Gebrauchtwagenhändler genau inspiziert und Probe gefahren werden. Neben Gebrauchtwagenhändlern gibt es noch Werkstätten, wie Pars Auto (www.pars-auto.co.nz) oder Options Backpacker (www.optionsback packer.co.nz) die sich auf den Verkauf von Backpacker Fahrzeugen spezialisiert haben.

Automärkte
In ganz Neuseeland gibt es Automärkte, auf denen Einheimische und Backpacker ihre Autos zum Verkauf anbieten. In Auckland und Christchurch haben sich einige Märkte auf Backpacker spezialisiert. Die Preise auf sind Verhandlungssache und liegen bei 1.500 NZD

(970 EUR) für ältere Modelle und gehen über 2.500 NZD (1.620 EUR) für einen Ford Falcon oder einen Holden Commodore, bis hin zu 4.000 NZD (2.600 EUR) für Campervans und Geländewagen. Die Campingausrüstung ist im Preis vieler Fahrzeuge inklusive. Bei Fragen zum Autokauf, der Zulassung oder Versicherung kann man sich an das Personal wenden. Fahrzeuginspektionen werden empfohlen und können auf den meisten Märkten für ca. 80 bis 100 NZD (51 bis 65 EUR) vor Ort durchgeführt werden. Automärkte sind nicht jedermanns Sache. Wer sich unsicher fühlt, kann sich an einen Gebrauchtwagenhändler wenden.

Auckland Car Fair (www.carfair.co.nz)
Auckland City Car Fair (www.aucklandcitycarfair.co.nz)
Auckland Backpackers (www.backpackercarworld.com)
Backpackers Car Market (www.backpackercarschristchurch.co.nz)

Autoauktionen
Wer sich mit Autos auskennt, kann mit etwas Glück bei einer Autoauktion ein günstiges Auto ersteigern. Mit zehn Locations ist Turners Auctions (www.turners.co.nz) das größte Autoauktionshaus Neuseelands.

Besitzerwechsel

Der Besitzerwechsel muss innerhalb von sieben Tagen nach dem Kauf eines Fahrzeuges bei Land Transport New Zealand (www.land transport.gov.nz) gemeldet werden. Käufer und Verkäufer geben dafür unabhängig voneinander das ausgefüllte Formular „Notice of Change of Ownership of Motor Vehicle" (Nr. MR 13 oder MR 13B) bei einer AA- oder Postfiliale ab. Die Kosten betragen etwa 10 NZD (6,50 EUR). Die Fahrzeugpapiere werden innerhalb von zehn Tagen per Post an eine neuseeländische Postadresse geschickt.

Registrierung und Lizenzierung

Registrierung und Lizenzierung eines Fahrzeuges werden oft miteinander verwechselt. In beiden Fällen erhält man die Erlaubnis, das Fahrzeug auf öffentlichen Straßen Neuseelands zu fahren.

Die Registrierung ist ein einmaliger Prozess, bei dem die Fahrzeugdaten dem neuseeländischen Fahrzeugregister gemeldet und Autokennzeichen vergeben werden. Dies ist z. B. beim Import eines Autos notwendig. Da man in der Regel ein gebrauchtes und dadurch bereits registriertes Fahrzeug kauft, muss man sich nur um die Lizenzierung des Fahrzeuges kümmern. Durch den Erwerb einer Lizenz erhält man die Erlaubnis, das Fahrzeug im Straßenverkehr Neuseelands zu nutzen. Die Lizenz kann für 3, 6 oder 12 Monate erworben und muss regelmäßig erneuert werden. Die Kosten liegen zwischen 280 NZD und 410 NZD (180 und 265 EUR) für 12 Monate, je nach Fahrzeug- und Kraftstofftyp. Im Idealfall ist die Lizenz beim Kauf eines Autos noch ein paar Monate gültig, das spart Geld. An der Plakette, die an der Windschutzscheibe angebracht ist, erkennt man, wie lange die Lizenz noch gültig ist.

Die Lizenz kann über das NZTA Transaction Centre (www.nzta.govt.nz) für 4,11 NZD (2,65 EUR) oder über Postfilialen, Books & More Outlets sowie Büros der Automobile Association für 7,20 NZD (4,65 EUR) erworben werden.

WOF-Zertifikat

Alle Fahrzeuge benötigen ein WOF-Zertifikat (Warranty of Fitness Zertifikat), welches hinter der Windschutzscheibe angebracht wird. Das WOF-Zertifikat kann nur von zertifizierten Werkstätten ausgestellt werden und bescheinigt, dass das Fahrzeug keine unmittelbare Gefahr für den Straßenverkehr darstellt, aber nicht unbedingt völlig in Ordnung ist. Die Bescheinigung ist mit dem deutschen TÜV vergleichbar und darf beim Kauf maximal 28 Tage alt sein. Das WOF-Zertifikat muss für alle Fahrzeuge, die älter als sechs Jahre sind, aller sechs Monate erneuert werden. Fahrzeuge, die jünger als sechs Jahre sind, müssen nur aller zwölf Monate zum WOF-Check. Die Kosten betragen ca. 30 bis 50 NZD (20 bis 30 EUR).

Dieselsteuer

Dieselfahrzeuge zahlen zusätzlich eine Road User Charge (RUC), die nach gefahrenen Kilometern berechnet wird und im Voraus bezahlt werden muss. Die Gebühr liegt bei 48 NZD (31 EUR) pro 1.000 km für ein kleines Fahrzeug und 55 NZD (35 EUR) pro 1.000 km für ein großes Fahrzeug und kann in allen Postfilialen, AA-Büros oder online bei der NZ Transport Agency (www.nzta.govt.nz) bezahlt werden. Als Beleg erhält man eine Plakette, welche hinter die Windschutzscheibe geklebt wird.

Versicherung

Der Abschluss einer Versicherung für das Fahrzeug ist nicht gesetzlich vorgeschrieben. Da bei einem längeren Neuseelandaufenthalt und dem dort herrschenden Linksverkehr die Wahrscheinlichkeit höher ist, dass ein Unfall passiert, wird jedoch der Abschluss einer Versicherung empfohlen.

Eine Kfz-Haftpflichtversicherung (third party insurance) versichert den Schaden an fremdem Eigentum, mit der Option das eigene Fahrzeug zusätzlich gegen Feuer und Diebstahl zu versichern. Die Kosten richten sich u.a. nach dem Alter des Versicherungsnehmers, dem Ausstellungsort des Führerscheins sowie dem Wert des Fahrzeuges und liegen bei ca. 150 bis 400 NZD (100 bis 260 EUR). Die Full Cover Insurance deckt außerdem Unfallschäden am eigenen Fahrzeug ab und kostet zwischen 600 und 1.000 NZD (380 und 650 EUR). Fast alle Versicherungsgesellschaften berechnen zudem eine Selbstbeteiligung im Falle eines Schadens.

Viele Versicherungsgesellschaften haben sich auf Touristen spezialisiert und bieten auch Backpackern kostengünstige Versicherungspolicen an. Zu den bekanntesten Versicherern gehören:

Tower Insurance (www.tower.co.nz)
Fintel Insurance (www.fintel.co.nz)
AMI Insurance (www.ami.co.nz)
BBH Insurance (www.bbh.co.nz/bbh_MotorInsurance.aspx)
Travellers Car Insurance (www.travellerscarinsurance.co.nz)
AA Automobile Association (www.aa.co.nz)
NAC National Automobile Club (www.thenac.com)

Eine Versicherung, die für Schäden an einem anderen Auto aufkommt, kann meist auch direkt beim Kauf eines Fahrzeuges auf einem Automarkt abgeschlossen werden.

Die Accident Compensation Corporation - ACC (www.acc.co.nz) übernimmt bei einem Unfall automatisch die Kosten für die Behandlung von Personen, unabhängig davon, ob eine Versicherung vorhanden ist oder nicht.

Mieten

Wer nur für ein paar Tage oder Wochen einen fahrbaren Untersatz benötigt, kann sich ein Fahrzeug mieten. Mietwagen sind fast überall in Neuseeland erhältlich. Oft sind die Preise bei den einheimischen Autovermietungen günstiger als bei den großen internationalen Firmen. Die Mietpreise richten sich nach dem Fahrzeugtyp und der Mietdauer. Wird das Fahrzeug länger als vier Wochen gemietet, sind hohe Preisnachlässe möglich. In Auckland, Christchurch, Wellington und Picton ist der Mietwagenmarkt hart umkämpft. Hier findet man häufig Sonderangebote.

Um ein Fahrzeug zu mieten, werden ein internationaler Führerschein und eine gültige Kreditkarte benötigt. Ohne Kreditkarte ist es nahezu unmöglich, ein Auto zu mieten. Der Fahrer muss in den meisten Fällen mindestens 21 Jahre alt sein, manche Anbieter setzen sogar ein Mindestalter von 25 Jahren voraus. Einige Vermieter erlauben aber auch das Mieten eines Autos ab einem Alter von 18 Jahren. Wer unter 25 Jahre alt ist, muss jedoch mit Zusatzgebühren rechnen.

Da man sich aufgrund der großen Distanzen in Neuseeland leicht mit den Entfernungen verkalkuliert, ist es ratsam, einen Vertrag mit unbegrenzter Kilometeranzahl abzuschließen. Ist dies nicht möglich, sollte man sich vor Vertragsabschluss über die Kosten für zusätzlich gefahrene Kilometer informieren.

Mehr und mehr Autovermieter bieten die Einwegmiete (one way rental) an, bei der das Fahrzeug in einer Stadt gemietet und in einer anderen Stadt wieder abgegeben wird. Die zusätzlichen Kosten für die Einwegmiete variieren je nach Anbieter und sollten vor Vertragsabschluss genau geprüft werden.

Außerdem muss man sich unbedingt erkundigen, auf welchen Straßen mit dem Mietwagen gefahren werden darf. Das Fahren auf Sand- und Schotterpisten ist in der Regel nur mit einem Geländewagen erlaubt. Auch Nachtfahrten sind meist nicht erlaubt.

In Neuseeland besteht keine Pflicht zum Abschluss einer Kfz-Haftpflichtversicherung. Eine Haftpflichtversicherung ist daher nicht immer im Mietpreis enthalten, kann aber zusätzlich abgeschlossen werden. Eine Vollkaskoversicherung ist bei vielen Vermietern ebenfalls zusätzlich erhältlich. Zu beachten ist, dass die Höhe der Selbstbeteiligung im Schadensfall bei vielen Vermietern sehr hoch ist und typische Schäden am Unterboden oder der Windschutzscheibe normalerweise nicht versichert sind.

Auch für Mietwagen gilt: Vor Vertragsabschluss sollte man sich das Auto genau ansehen und Verträge, besonders das Kleingedruckte, genau lesen.

Die Preise für Mietwagen variieren je nach Fahrzeugtyp und Verfügbarkeit. Kleine PKWs sind ab 30 NZD (20 EUR) pro Tag erhältlich. Ford Falcon Station Wagen kosten ca. 30 bis 50 NZD (20 bis 30 EUR) pro Tag und Campervans ca. 40 bis 60 NZD (25 bis 40 EUR) pro Tag. Um den günstigsten Preis zu erhalten, muss das Fahrzeug mindestens drei bis sechs Monate vor Mietbeginn gebucht werden.

Neuseeländische Anbieter:

Ace Rental Cars (www.acerentalcars.co.nz)
Apex Rentals (www.apexrentals.co.nz)
Go Rentals (www.gorentals.co.nz)
Jucy Rentals (www.jucy.co.nz)
Omega Rental Cars (www.omegarentalcars.com)
Pegasus Rental Cars (www.rentalcars.co.nz)
Escape Rentals (www.escaperentals.co.nz)
Hippie Camper (www.hippiecamper.com)

Internationale Anbieter:

Budget (www.budget.co.nz)
Hertz (www.hertz.co.nz)
Avis (www.avis.co.nz)
Thrifty (www.thrifty.co.nz)
Europcar (www.europcar.co.nz)

Mietkauf

Eine Alternative zur Fahrzeugmiete oder dem Kauf eines Fahrzeuges ist der Mietkauf (buy back). Beim Mietkauf wird ein Auto mit Rückkaufgarantie gekauft. Wird das Auto innerhalb des vereinbarten Zeitraums ohne große Schäden zurückgebracht, erhält man einen bestimmten Prozentsatz, meist 30 bis 50 Prozent, des Kaufpreises zurück. Kauft man z. B. einen Ford Falcon für 3.600 NZD (2.333 EUR) bekommt man nach sechs Monaten 1.440 NZD (933 EUR) und nach zwölf Monaten 1.080 NZD (700 EUR) vom Händler zurück. Wird das Auto privat weiterverkauft, kann man normalerweise einen höheren Verkaufspreis erzielen. Der Zeitaufwand ist jedoch höher, da man sich selbst um den Verkauf und alle Formalitäten kümmern muss. Der Mietkauf lohnt sich für alle, die am Ende der Reise wenig Zeit haben oder das Auto nicht auf eigene Faust verkaufen möchten, denn alle Formalitäten werden vom Händler erledigt. Mietkäufe werden von vielen auf Backpacker spezialisierte Gebrauchtwagenhändler angeboten. Häufig ist auch die Campingausrüstung im Preis enthalten.

Fahrzeugüberführung

Viele Autovermietungen bieten regelmäßig Mietwagen für Überführungsfahrten an. Die Mietpreise beginnen bei 1 NZD (0,65 EUR) pro Tag und beinhalten zum Teil die Benzinkosten. Die Auswahl der Mietwagen ist begrenzt und nicht alle Routen sind immer verfügbar. Zudem müssen die Mietwagen innerhalb einer bestimmten Zeit von einem Ort zum Anderen gebracht werden. Wer flexibel ist, kann jedoch mit etwas Glück ein tolles Schnäppchen machen. Überführungsfahrten findet man auf den Internetseiten der Autovermieter, wie Relocations 2 go (www.relocations2go.com), Thrifty (www.thrifty.co.nz) oder Budget (www.budget.co.nz).

Kaufen oder Mieten?

Möchte man für mehr als acht Wochen im Auto durch Neuseeland reisen, lohnt sich in der Regel der Kauf eines Autos. Gebrauchtwagen sind bereits für ca. 3.000 NZD (1.945 EUR) erhältlich. Allerdings muss beachtet werden, dass zum Kaufpreis noch Kosten für Lizenzierung, WOF-Zertifikat, Versicherung, Sprit und eventuell anfallende Reparaturen kommen. Möchte man weniger als zehn Wochen reisen, spart man nicht nur Geld, sondern auch Zeit, indem man ein Auto mietet. Das Mieten eines Autos ist deutlich schneller und unkomplizierter als der Kauf und Verkauf. Der Kauf eines Vans oder Campervans lohnt sich meist erst ab einem Aufenthalt von 10 bis 16 Wochen, da diese Fahrzeuge teurer sind als Autos. Der Kauf eines Fahrzeugs setzt voraus, dass man sich mit Fahrzeugen auskennt, sowohl beim Kauf um die Fahrzeugqualität zu beurteilen als auch auf Reisen in entlegene Gebiete, da man dort bei einer Panne auf sich allein gestellt ist. Eine Alternative zum Kaufen oder Mieten eines Fahrzeuges ist der Mietkauf. Das Fahrzeug wird über einen Händler gekauft, welcher den Wagen später zu einem garantierten Preis zurückkaufen wird. Der Mietkauf ist eine ideale Alternative für Leute, die ein eigenes Fahrzeug für ca. acht bis zehn Wochen benötigen, sich am Ende der Reise aber nicht mit dem Verkauf beschäftigen wollen.

Autoklubs

Neuseelands Automobile Association (www.aa.co.nz) bietet seinen Mitgliedern neben kostenlosen Straßenkarten und Unterkunftsverzeichnissen, ein umfangreiches Spektrum an Service-Leistungen, wie z. B. Hilfe bei Autopannen, Rat beim Kauf und Verkauf von Fahrzeugen sowie Informationen zu lokalen Vorschriften. Eine Mitgliedschaft lohnt sich daher für alle, die viel mit dem Auto durchs Land fahren wollen, und ist ab 79 NZD (50 EUR) pro Jahr erhältlich. Wer Mitglied beim ADAC in Deutschland ist, kann für sechs Monate eine kostenlose Mitgliedschaft bei der AA in Neuseeland abschließen, wenn eine Bescheinigung über das Bestehen der ADAC-Mitgliedschaft in Englisch vorgelegt werden kann.

Verkehrsregeln

Gefahren wird auf der linken Seite, rechts wird überholt. Auf belebten Straßen besteht kaum die Gefahr, dass man in der falschen Spur landet, Aufmerksamkeit ist jedoch in abgelegenen Gebieten wichtig. Das Tragen eines Sicherheitsgurtes ist für alle Insassen Pflicht. Die Promillegrenze für Fahrer unter 20 Jahren liegt bei 0,3, für Fahrer über 20 bei 0,8.

Trotz Linksverkehr gilt auch in Neuseeland die Verkehrsregel „rechts vor Links". An Kreuzungen und T-Kreuzungen, wo auf beiden Seiten Stoppschilder, Give way-Schilder (Vorfahrt gewähren-Schilder), grüne Ampeln oder gar keine Schilder stehen, muss ein Fahrzeug, das nach rechts abbiegen will, dem anderen nach links abbiegenden Fahrzeug Vorfahrt gewähren. Für deutsche Touristen ist die Regel einfach zu merken, da sie spiegelverkehrt in Deutschland angewendet wird. An T-Kreuzungen gilt die Regel „The Top of the T goes before me.". Fahrzeuge, die auf das Ende einer Straße zufahren, die in eine Querstraße mündet, müssen allen Fahrzeugen Vorfahrt gewähren.

Die Fahrzeuge im Kreisverkehr haben immer Vorfahrt. Beim Einfahren muss man in die Richtung blinken, in die man den Kreisverkehr verlassen möchte. Beim Ausfahren wird links geblinkt.

Die Höchstgeschwindigkeit auf Landstraßen und Autobahnen beträgt 100 km/h. In Ortschaften gilt ein Tempolimit von 50 km/h. Auf unbefestigten Straßen und Schotterpisten sollte die Geschwindigkeit auf mindestens 40 bis 50 km/h reduziert werden, da aufgewirbelter Staub die Sicht einschränken kann.

In ländlichen Gegenden muss man damit rechnen, dass Nutztiere wie Schafe oder Pferde auf der Fahrbahn sind. Um die Tiere nicht zu erschrecken, sollte nicht gehupt, sondern das Tempo gedrosselt werden.

Viele Straßen führen über einspurige Brücken. Das Vorfahrtsrecht ist an solchen Brücken in der Regel durch ein Schild geregelt. Ein roter Pfeil auf dem Schild vor der Brücke zeigt an, welche Fahrtrichtung Vorfahrt zu gewähren hat.

Trampen

Da die meisten Neuseeländer offene und redselige Menschen sind, ist es relativ unkompliziert per Anhalter durch das Land zu reisen. Dennoch ist Trampen immer mit einem gewissen Risiko verbunden und wird nicht empfohlen. Wer trotzdem trampen will, kann das Risiko minimieren, indem folgende Hinweise beachtet werden:

- Nur bei Tag trampen.
- Leute direkt ansprechen (z. B. an der Tankstelle).
- Als Frau nur Frauen ansprechen.
- Die Autonummer des Autos per SMS an Freunde schicken.
- Immer auf das eigene Bauchgefühl hören.

Mitfahrgelegenheit

Eine günstige Alternative zum Trampen ist die Nutzung von Mitfahrgelegenheiten, die von vielen Backpackern mit eigenem Auto angeboten werden. Anzeigen für solche Fahrten findet man an den Schwarzen Brettern in Hostels oder Backpackerreisebüros sowie im Internet.

Let's Carpool (www.letscarpool.govt.nz)
Jayride (www.jayride.co.nz)
Carpool King (www.carpoolking.com)
Carpool (www.carpoolnz.org)
Backpackers Carpooling (www.backpackerscarpooling.com)

Geld sparen

Um möglichst viel von Neuseeland sehen zu können, wird in der Regel eine größere Summe Geld benötigt. Da die meisten Backpacker ihren Neuseelandaufenthalt jedoch nicht mit einer prall gefüllten

Reisekasse starten, gilt es, mit dem Vorhandenen und durch Gelegenheitsjobs dazuverdientem Geld sparsam umzugehen. Wie man trotz kleiner Reisekasse nicht auf Reisen, Spaß und Abenteuer verzichten muss, wird auf den folgenden Seiten gezeigt.

Mitgliedschaftskarten

Die Hostelketten BHH, YHA, VIP Backpackers und Nomads World haben Mitgliedskarten, mit denen man neben einem Rabatt in Hostels auch Ermäßigungen auf Abenteuertouren, Bus- und Bahntickets u. v. m. bekommt. Die Rabatte sind bei allen Mitgliedskarten ähnlich. Mehr als eine Karte muss daher nicht gekauft werden. Zu bedenken gilt auch, dass es neben den Hostelketten viele unabhängige Hostels, mit zum Teil günstigeren Preisen gibt. Fast alle Rabatte für Reisen, Bus- und Zugtickets, usw. bekommt man auch mit der ISIC-Karte.

BBH Card

Die BBH-Karte (www.bbh.co.nz) kostet 45 NZD (30 EUR) und ist ein Jahr gültig. Im Preis enthalten ist eine Telefonkarte im Wert von 20 NZD (13 EUR) sowie der jährlich erscheinende BBH Accommodation Guide, in dem über 300 Unterkünfte in Neuseeland aufgeführt und von ehemaligen Gästen bewertet werden. Mitglieder erhalten mindestens 3 NZD (2 EUR) Rabatt auf den regulären Übernachtungspreis. Weitere Rabatte gibt es bei Bus- und Tourunternehmen und verschiedenen Outdoor-Aktivitäten. Die Karte ist in allen BBH Hostels erhältlich.

Hostelling International Card

Die Hostelling International Card (www.hihostels.com) ist weltweit gültig und kann vor Reiseantritt über das Deutsche Jugendherbergswerk (www.jugendherberge.de) oder in Neuseeland über YHA New Zealand (www.yha.co.nz) erworben werden. Die Mitgliedskarte ist 16 Monate (von Oktober bis Januar des übernächsten Jahres) gültig und kostet 21 EUR. Jugendliche unter 26 Jahre zahlen nur 12,50 EUR. In Neuseeland gibt es mehr als 50 YHA Hostels. Alle Hostels werden regelmäßig durch den regionalen Jugendherbergsverband auf gewisse Standards geprüft. Dadurch sind sie meist etwas teurer als Hostels anderer Hostelketten. Aufgrund der etwas höheren Preise findet man unter den Gästen vermehrt Frauen und ältere Reisende. Wer ein sauberes und ruhiges Hostels sucht, ist in einem YHA Hostel richtig.

VIP Backpackers Card

Die VIP Backpackers Card (www.vipbackpackers.com) ist weltweit ein Jahr gültig und kostet 48 NZD (31 EUR). Sie kann vor Reiseantritt oder in Neuseeland gekauft werden. Rund 100 VIP Hostels findet man in Neuseeland. Die VIP Hostels sind etwas teurer als unabhängige Hostels, aber preiswerter als YHA Hostels. Da sie nicht kontrolliert werden, können Ausstattung und Sauberkeit zwischen verschiedenen Hostels variieren. Die Gäste sind meist jung und es herrscht oft Partystimmung.

Nomads MAD Membership

Die Nomads MAD Membership Karte (www.nomadsworld.com) kostet 15 EUR und ist ein Jahr lang in Neuseeland, Australien, Thailand und auf den Fidschi-Inseln gültig. Nomads World ist mit nur neun Hostels die kleinste Hostelkette in Neuseeland. Die Hostels sind oft laut, aber zum Teil sehr preiswert.

ISIC-Karte/IYTC-Karte

Mit einem internationalen Studentenausweis (ISIC) bekommen Studenten weltweit preiswerte und flexible Flugtickets, günstige Bus- und Bahntickets, Ermäßigungen in Hostels und Hotels, Museen, Kinos, kulturellen Einrichtungen, Shops, Restaurants, Cafés u. v. m. Die ISIC-Karte (www.isic.de) kostet 12 EUR und ist für jeweils 16 Monate gültig (von September bis Dezember des darauf folgenden Jahres). Antragsberechtigt sind Vollzeitstudenten, -auszubildende und -schüler. Jugendliche unter 26, die nicht studieren, können eine Internationale Youth Travel Card (IYTC) beantragen und ähnliche Ermäßigungen erhalten. Die IYTC-Karte wird allerdings nicht überall akzeptiert. Beide Ausweise können online oder in einer von über 400 Ausgabestellen erworben werden.

Lebensmittel

In fast jedem Hostel gibt es ein Fach für kostenlose Lebensmittel. Backpacker, die angebrochene Lebensmittel, wie Müsli, Milch oder Gewürze, nicht mitnehmen wollen, stellen diese in das dafür vorgesehene Fach und damit anderen Reisenden kostenlos zur Verfügung.

Bonuskarten

Viele Unternehmen, wie Cafés, Friseure oder Sandwichläden, geben Bonuskarten aus. Bei jedem Kauf bekommt man einen Bonuspunkt. Ist die Karte voll, erhält man einen Artikel gratis. Im Café kann das ein Kaffee sein, beim Friseur ein Haarschnitt, im Sandwichladen ein Sandwich. Die Ersparnis ist in der Regel nicht allzu groß, wenn man jedoch sowieso immer im gleichen Laden einkauft, lohnt es sich allemal.

Happy Hour Angebote

In vielen Läden, Pubs oder Internetcafés gibt es Happy Hour Angebote. Zu bestimmten Zeiten werden die Preise reduziert: Beim Bäcker bekommt man kurz vor Ladenschluss frische Backwaren zu einem günstigeren Preis, im Internetcafé kann für das gleiche Geld länger gesurft werden, im Pub kosten alle Getränke nur die Hälfte, usw. Wer Happy Hour Angebote regelmäßig nutzt, kann jede Menge Geld sparen.

Kartenmaterial

Stadtpläne und Landkarten müssen nicht gekauft werden. Reiseführer, wie Lonely Planet oder Rough Guide, enthalten für bekannte Städte backpackerfreundliche Karten, mit Informationen zu Sehenswürdigkeiten, Geschäften, Internetcafés, usw. Stadtpläne und Landkarten sind außerdem kostenlos in der Touristeninformation und manchmal auch in Hostels erhältlich.

Bankautomaten

Die Benutzung eines Geldautomaten im Ausland kann schnell teuer werden. Bis zu 10 EUR stellen einige Banken ihren Kunden in Rechnung, wenn sie mit einer Maestro-Karte Geld an ausländischen Automaten abheben. Außerhalb der EU kommen noch fast zwei Prozent Währungsumrechnungsgebühr dazu. Vor der Abreise sollte man sich deshalb unbedingt über die Gebühren der Bank informieren. Ist man bei einer Bank mit einer hohen Automatengebühr ist es sinnvoll größere Beträge abzuheben, um Ausgaben für die Bankgebühren so niedrig wie möglich zu halten.

Gutscheine

Mit Rabattgutscheinen kann viel Geld gespart werden. In ganz Neuseeland locken Restaurants, Bars und Pubs mit Gutscheinen für Gratisessen und -getränke. Die Gutscheine werden oft direkt vor der jeweiligen Lokalität verteilt und können sofort genutzt werden. Rabattgutscheine für Cafes, Restaurants, Kinos, Friseure u.v.m. sind auch auf verschiedenen Online-Portalen, wie Ezy Coupons (www.ezycoupons.co.nz), Voucher Mate (www.vouchermate.co.nz) und Yellow Vouchers (www.yellowvouchers.co.nz) erhältlich.

Internet

Langes Surfen im Internet kann teuer werden. Hier lohnt es sich, Freiminuten und Gratiszugang zum Internet zu nutzen. Kostenloses Surfen ist in einigen Hostels möglich. Auch Backpackerreisebüros bieten manchmal Gratiszugang zum Internet an. Wer mit dem eigenen Laptop surft, erhält in vielen Cafés, Pubs oder Imbissketten über WLAN (auch WiFi genannt) kostenlosen Zugang zum Internet.

BYO-Restaurants

Wer gerne Wein zum Essen trinkt, geht in ein BYO-Restaurant und bringt sich seinen Lieblingswein einfach mit. Restaurants ohne Alkohollizenz haben an der Tür den Hinweis „BYO - Bring your own" (deutsch: „Bring dein eigenes"). Gäste dürfen in diese Restaurants ihren eigenen Wein oder andere alkoholische Getränke mitbringen. Gegen die Entrichtung einer Entkorkungsgebühr von ca. 3 bis 8 NZD (2 bis 5 EUR) bekommt man Gläser und der Wein wird gekühlt serviert. Wer Geld sparen will, kauft im Supermarkt einen günstigen Wein. Häufig ist auch direkt neben dem Restaurant ein Getränkemarkt, der alkoholische Getränke verkauft.

Bücher

In vielen Hostels findet man ein Bücher-Tausch-Regal, wo gelesene Bücher gegen andere gebrauchte Bücher eingetauscht werden können. Jeder, der ein Buch ins Regal stellt, kann sich dafür ein anderes nehmen. Die Regale sind mit Büchern und Zeitschriften diverser Genres bestückt. Vom Reiseführer bis zum Liebesroman ist alles vorhanden. Ein deutschsprachiges Buch ist meist auch dabei.

Arbeitsklamotten

Für Farmarbeit, Ernte-Jobs oder Tätigkeiten auf dem Bau werden alte Arbeitsklamotten benötigt. In jeder großen Stadt gibt es Second Hand Läden, in denen man günstig ein paar gebrauchte Kleidungsstücke für solche Jobs finden kann. Die Klamotten für den täglichen Gebrauch können im Rucksack bleiben und geschont werden.

Friseur

Viele Friseure suchen regelmäßig Haarmodelle. Die Haare werden oft kostenlos oder zu einem günstigen Preis von Auszubildenden geschnitten. Anzeigen findet man in diversen Magazinen oder man fragt einfach im Friseurladen nach.

Hostels

In manchen Hostels bekommt man die siebente Nacht gratis, wenn man sechs Nächte bleibt. Bedingung ist die Vorausbezahlung aller sechs Nächte. Mit ein wenig Planung lässt sich einiges an Geld sparen.

Couchsurfing

Couchsurfing (www.couchsurfing.org) ist ein internetbasiertes Netzwerk, über das Mitglieder kostenlose Unterkünfte in aller Welt finden können. Die Mitglieder bieten online ihr heimisches Sofa oder Bett kostenlos zum Übernachten an. Im Gegenzug dürfen sie selbst weltweit kostenlos übernachten. Das Übernachten ist fast immer mit einem gemeinsamen Abendessen verknüpft und ist daher die ideale Möglichkeit Kontakte zu Kiwis zu knüpfen und die neuseeländische Kultur kennenzulernen. Mit fast drei Millionen Mitgliedern ist Couchsurfing das größte Netzwerk seiner Art.

Wild Campen

Campingplätze gibt es in Neuseeland reichlich. Rar sind Plätze, wo man kostenlos übernachten kann. Auf Camping Our Way (www.camping.org.nz) findet man jedoch wunderschöne Plätze mitten in der Natur, wo man ganz legal kostenlos für eine Nacht oder auch länger campen kann.

Erntearbeit

Die Arbeit als Erntehelfer macht zwar nicht reich, ist aber ideal um Geld zu sparen. Während der Erntezeit werden ständig Arbeitskräfte benötigt, sodass nicht lange nach einem Job gesucht werden muss. Da in den Ernteregionen fast keine Möglichkeit besteht das verdiente Geld wieder auszugeben, kann man in kurzer Zeit relativ viel Geld sparen.

Überführungsfahrten

Viele Autovermietungen bieten Überführungswagen zu günstigen Mietpreisen an. Wer das Auto einer Autovermietung an einen anderen Ort zurückfährt, zahlt nur einen Teil des regulären Mietpreises. Solche günstigen Mietwagen bekommt man natürlich nicht jeden Tag und auch nicht für alle Routen. Oft müssen diese Autos auch relativ schnell von einem Ort zum anderen gebracht werden. Dennoch lohnt es sich nach Überführungsfahrten Ausschau zu halten, da die Mietpreise sehr niedrig sein können.

Mitfahrgelegenheiten

Auch in Neuseeland wird vom Trampen abgeraten. Wer Geld sparen will, kann über die Schwarzen Bretter in Hostels oder Backpackerreisebüros Mitfahrgelegenheiten suchen oder anbieten. Dadurch hat man die Möglichkeit sich vor der Fahrt kennenzulernen, die Reiseroute zu besprechen und sich über die Kosten zu informieren. Alternativ können Mitfahrgelegenheiten über das Internet gesucht und angeboten werden. Zu den Bekanntesten Seiten im Netz gehören Jayride (www.jayride.co.nz), Let's Carpool (www.letscarpool.govt.nz) und Carpool King (www.carpoolking.com).

Wechselkurs

Wer große Geldbeträge umtauschen möchte, sollte den Wechselkurs beobachten. Der Wert einer Währung kann stark schwanken und Wechselkurse können sich mehrmals am Tag ändern. Durch regelmäßiges Beobachten des Wechselkurses ist man gut informiert und kann im günstigsten Moment das Geld tauschen. Bei kleinen Beträgen machen geringe Kursschwankungen zwar kaum einen Unterschied, bei großen Beträgen schon.

Aktivitäten

In Großstädten werden zahlreiche kostenlose Aktivitäten wie Städtetouren, Eintritt in Museen oder Konzerte angeboten. Über die Suche auf Google kann man sich über aktuelle Angebote informieren.

Unvorhersehbare Probleme

Die meisten Reisenden bleiben während ihres Neuseelandaufenthaltes von ernsthaften Problemen verschont. Sich darauf zu verlassen, dass einem Nichts passiert, ist jedoch nicht zu empfehlen. Dieser Abschnitt soll informieren, wie man Notlagen schon vor der Abreise vorbeugen kann und was zu tun ist, wenn man dennoch in eine Notsituation gerät.

Heimweh

Die meisten Menschen haben während einer längeren Reise irgendwann einmal den starken Wunsch nach Hause, in die gewohnte Umgebung, zurückzukehren. Vor allem Jugendliche, die das erste Mal allein in einem Land sind, wo plötzlich alles anders ist, verspüren oft Heimweh, sind lustlos und niedergeschlagen. Natürlich gibt das nicht jeder zu. Dabei muss man sich für Heimweh nicht schämen, denn Heimweh ist völlig normal. Auslöser des Heimwehs ist meist das Fehlen sozialer Kontakte in der neuen Heimat. Wenn Freunde und Familie nicht da sind, fühlt man sich allein und denkt zu Hause ist es doch am schönsten. Statt sich abzukapseln, sollten Betroffene versuchen, mit anderen Backpackern ins Gespräch zu kommen. Partys, Ausflüge oder gemeinsame Kochabende in der Hostelküche geben die Gelegenheit andere Backpacker kennenzulernen und ein soziales Netz aufzubauen. Parallel dazu kann man natürlich in Kontakt mit den Freunden und der Familie bleiben. Wer trotz sozialem Umfeld Heimweh hat, sollte sich etwas Ruhe gönnen, denn auch Stress und Schlafmangel können zu Heimweh führen.

Krankheit

Rezeptfreie Medikamente sind in Drogerie und Apotheke erhältlich. Bei gesundheitlichen Problemen sollte ein Arzt für Allgemeinmedizin (General Practitioner – GP) aufgesucht werden. Muss ein Facharzt konsultiert werden, erhält man, ähnlich wie in Deutschland, eine Überweisung. Längere Krankenhausaufenthalte oder Operationen werden meist direkt von der Reiserankenversicherung bezahlt, Arztbesuche müssen jedoch zunächst selbst bezahlt werden. Mit einer Quittung können diese Kosten später von der Versicherung zurückgefordert werden. Bei einem Unfall (wie z. B. einem Verkehrs- oder Sportunfall) übernimmt die Accident Compensation Corporation – ACC (www.acc.co.nz) die Kosten für die Behandlung, selbst wenn keine Reiseversicherung vorhanden ist. Alle anderen Kosten, wie Verdienstausfall, Heimflug oder Rehabilitierungskosten werden nicht von der ACC übernommen. Eine Reisekrankenversicherung wird daher dringend empfohlen. In medizinischen Notfällen begibt man sich in die Notaufnahme des nächsten Krankenhauses oder ruft den Notdienst. Die Notrufnummer von Rettungsdienst, Polizei und Feuerwehr ist 111.

Passverlust

Geht der Reisepass verloren, muss der Verlust zunächst der örtlichen Polizeidienststelle gemeldet werden. Anschließend kann bei der deutschen Auslandsvertretung ein neuer Reisepass beantragt werden. Die Bearbeitungsdauer eines gewöhnlichen Reisepasses (roter Reisepass) beträgt etwa acht Wochen. Im Notfall können die Botschaften und Konsulate auch kurzfristig einen vorläufigen Reisepass (grüner Reisepass) ausstellen. Der vorläufige Reisepass wird normalerweise innerhalb von 24 Stunden ausgestellt und hat eine Gültigkeitsdauer von einem Jahr. Da er nicht maschinenlesbar ist, berechtigt er jedoch nicht zur visumfreien Einreise in die USA. Alternativ kann auch ein Reiseausweis als Passersatz ausgestellt werden, der zur Rückkehr von Neuseeland nach Deutschland gültig ist. Der Reiseausweis als Passersatz wird nur für die Dauer der Reise ausgestellt und ist maximal drei Monate gültig. Kann die Identität des Antragstellers problemlos nachgewiesen werden, wird er normalerweise noch am selben Tag ausgestellt. Pässe müssen immer persönlich und schriftlich in der Auslandsvertretung beantragt und abgeholt werden. Grundsätzlich gilt: Ein Reisepass kann wesentlich schneller ausgestellt werden, wenn eine Kopie des Passes vorhanden ist. Daher ist es sinnvoll, Kopien separat vom Reisepass mitzuführen oder als Mailanhang an die eigene E-Mail-Adresse zu senden.

Geldkartenverlust

Bei Kartenverlust oder Diebstahl muss die Karte umgehend gesperrt werden. Für Schäden, die vor der Verlustmeldung einer Kreditkarte entstanden sind, beschränkt sich die Haftung in der Regel auf einen Höchstbetrag von 50 EUR, sofern der Verlust nicht durch grob fahrlässiges oder vorsätzliches Handeln herbeigeführt wurde. Grob fahrlässig handelt, wer z. B. den PIN auf der Karte vermerkt oder zusammen mit der Karte am gleichen Ort aufbewahrt, die Geldbörse unbeaufsichtigt im Auto liegen lässt oder die Karte nicht sofort sperren lässt. Die Haftungsgrenzen für Debitkarten variieren und sind direkt bei der Bank zu erfragen.

Für die Sperrung einer Kreditkarte wird die Kreditkartennummer benötigt. Um eine Debitkarte sperren zu lassen, werden Bankleitzahl und Kontonummer benötigt. Der Zeitpunkt der Kartensperrung sollte für Rückfragen notiert werden. Fast alle deutschen Karten können rund um die Uhr über den zentralen Sperrnotruf 116 116 (www.sperr-notruf.de) gesperrt werden. Nimmt die Bank nicht am Sperrservice teil, muss man sich direkt an die hauseigene Bank bzw. den Herausgeber der Karte wenden. Neuseeländische Bankkarten können ebenfalls rund um die Uhr per Telefon oder zu den normalen Öffnungszeiten der jeweiligen Bankfiliale am Schalter gesperrt werden. Bei Diebstahl der Karte sollte nach der Kartensperrung sofort Anzeige bei der Polizei erstattet werden. Nach der Kartensperrung sollten alle Kontoauszüge regelmäßig kontrolliert werden. Wird gegen widerrechtliche Abbuchungen innerhalb von sechs Wochen Widerspruch eingelegt, wird der Betrag auf das Konto zurückgebucht.

Alle Kreditkartenanbieter stellen auf Wunsch innerhalb von 24 bis 48 Stunden eine Ersatzkarte im Ausland zur Verfügung. Die Kosten dafür variieren je nach Kreditinstitut und Karte. Maestro-Ersatzkarten können ebenfalls neu beantragt und ins Ausland verschickt werden. Die Bearbeitungszeit beträgt jedoch mehrere Tage. Ersatz für neuseeländische Bankkarten kann direkt vor Ort bei der Bank beantragt werden. Die Bearbeitungszeit beträgt ca. eine Woche. Sofern Geld auf dem neuseeländischen Konto ist, kann dieses Geld in der Zwischenzeit auch ohne Karte am Schalter abgehoben werden. Je nach Kontotyp fallen dafür aber Gebühren von ca. 3 NZD (2,00 EUR) an.

Geldbeschaffung aus Deutschland

Steht kein Geld mehr zur Verfügung, kann man sich innerhalb von wenigen Minuten Geld aus Deutschland an eine Bank in Neuseeland überweisen lassen. Western Union (www.westernunion.de) ist der bekannteste Anbieter dieses Überweisungssystems in Deutschland.

Aber auch MoneyGram (www.moneygram.com) bietet schnelle und zuverlässige Möglichkeiten, Bargeld nach Neuseeland zu verschicken. Überweisungen können von einem Verwandten oder Freund durch Einzahlung bei einem Western Union Vertriebspartner, wie der ReiseBank (www.reisebank.de), Postbank (www.postbank.de) oder Travelex (www.travelex.de) sowie diversen Sparkassen und Kreissparkassen, eingeleitet werden. Reisebank und Travelex Filialen sind auf fast allen großen Bahnhöfen zu finden und sind in der Regel sieben Tage in der Woche geöffnet. Das Filialnetz von MoneyGram in Deutschland ist deutlich kleiner. Agenturstandorte von MoneyGram können auf der Firmenhomepage gefunden werden. Überweisungen können bei beiden Anbietern auch telefonisch oder online rund um die Uhr per Kreditkarte getätigt werden. Der in Deutschland eingezahlte Betrag steht nach ca. 15 Minuten in Neuseeland zur Verfügung. Das Geld kann gegen Vorlage eines gültigen Lichtbildausweises und der Transaktionsnummer bei allen Filialen der neuseeländischen Western Union Agenten bzw. den MoneyGram Filialen abgeholt werden. Die Gebühren bei Western Union und MoneyGram richten sich nach der Höhe der Summe und dem jeweiligen Empfangsland. Bei Beträgen von 500 EUR muss man mit ca. 30 EUR, bei Beträgen von 1.000 EUR mit ca. 40 EUR Gebühren rechnen. Die Gebühren werden nur dem Absender berechnet. Der Empfänger zahlt keine Gebühren.

Steht kein Geld mehr zur Verfügung, um nach Hause zu telefonieren, kann die angerufene Person die Kosten des Gesprächs übernehmen. Kostenlose R-Gespräche (reverse calls) können unter der kostenlosen Telefonnummer 00 09 49 angemeldet werden.

Reisescheckverlust

Reiseschecks können im Falle eines Verlusts oder Diebstahls innerhalb von 24 Stunden weltweit ersetzt werden. Kommen die Reiseschecks abhanden, sollte man sich schnellstmöglich mit dem Herausgeber der Schecks (z. B. American Express) in Verbindung setzen. Dabei werden die Seriennummern der Schecks benötigt. Die Ersatzreiseschecks können dann innerhalb von 24 Stunden an einem der zahlreichen Partnerstandorte abgeholt werden.

Diebstahl

Sollte trotz aller Vorsichtsmaßnahmen etwas gestohlen werden, muss der Diebstahl sofort der zuständigen Polizeibehörde und der Versicherung gemeldet werden. Die Versicherung wird den Schaden nur begleichen, wenn es ein Polizeiprotokoll über den Diebstahl gibt. Auch die Benennung von Zeugen kann helfen, um eigene Ansprüche zu unterstützen.

Unfall

Passiert im Ausland ein Unfall mit dem eigenen Auto oder dem Mietwagen, sollte zunächst einmal Ruhe bewahrt werden. Nach Sicherung der Unfallstelle muss bei Personenschäden grundsätzlich die Polizei gerufen werden. Die Beamten nehmen dann vor Ort alle notwendigen Daten und Informationen auf. Von dem Polizeiprotokoll sollte man sich anschließend unbedingt eine Kopie aushändigen lassen. Bei geringen Sachschäden kann meist auf die Polizei verzichtet werden. Personalien, Fahrzeug- und Versicherungsdaten müssen dennoch sofort nach dem Unfall ausgetauscht werden. Bei einem Unfall mit einem Mietwagen sollte immer die Polizei gerufen und umgehend die Mietwagenfirma informiert werden. Das Fahrzeug sollte in dem Fall nicht selbst abgeschleppt und repariert werden. Sinnvoll ist es Fotos von der Unfallstelle und entstandenen Schäden zu machen. Ist keine Kamera zur Hand, kann auch eine Unfallskizze angefertigt werden. Personalien von Zeugen sind ebenfalls zu notieren. Keinesfalls sollten Dokumente unterschrieben werden, deren Inhalt man nicht versteht. Auch eine Schuldanerkennung sollte nie am Unfallort gemacht werden. Es ist die Aufgabe der Polizei dies herauszufinden. Ist eine Versicherung vorhanden, muss diese umgehend über den Unfall informiert werden. Die Versicherung wird dann die weitere Vorgehensweise erklären.

Gewaltverbrechen

Neuseeland gehört zu den sichersten Reiseländern der Welt. Gewaltverbrechen können dennoch nie komplett ausgeschlossen werden. Sollte man Opfer eines Verbrechens werden, erhält man von den deutschen Auslandsvertretungen in Neuseeland sofort Hilfe und Unterstützung, vor allem beim Erwerb von ärztlichem und rechtlichem Beistand sowie Hilfe das Verbrechen schnellstmöglich der zuständigen Polizeibehörde zu melden.

Verhaftung

Die Gesetze anderer Länder können erheblich von den deutschen Gesetzen abweichen, was schnell zu einer Verhaftung führen kann. Die meisten Festnahmen entstehen durch Drogendelikte oder Gewalttaten. Eine Verhaftung kann jedoch auch die Folge von Naivität oder leichtsinnigem Handeln sein. Wer im Ausland verhaftet wird, sollte sich umgehend an die deutsche Auslandsvertretung wenden. Dies gilt auch dann, wenn man durch eigenes Verschulden mit dem Gesetz in Konflikt geraten ist. Die diplomatische Vertretung Deutschlands hilft dann bei der Rechtsberatung vor Ort.

Katastrophen

Kommt es zu einer Naturkatastrophe, einem Terroranschlag oder politischen Unruhen, sollte schnellstmöglich die deutsche Auslandsvertretung kontaktiert werden. Ist dies nicht möglich, da alle Kommunikationsmöglichkeiten ausgefallen sind, versucht die Auslandsvertretung, deutsche Staatsbürger per Kurzwellenfunk über den Auslandshörfunksender „Deutsche Welle" zu erreichen. In gefährlichen oder lebensbedrohlichen Situationen werden deutsche Staatsangehörige eventuell evakuiert. Die Teilnahme an einer Evakuierung ist freiwillig und muss vom Evakuierten bezahlt werden.

Auslandsvertretungen

Im Notfall kann man sich an die Botschaft der Bundesrepublik Deutschland (http://www.wellington.diplo.de) in Wellington wenden. Die Botschaft ist jedoch nur dann zur Hilfe verpflichtet, wenn man eine Notsituation nicht selbst beheben kann. Wem z. B. das gesamte Geld gestohlen wurde, muss zuerst versuchen, Geld von Verwandten, Bekannten, Freunden oder seiner Bank zu bekommen. Sind alle Möglichkeiten zur Selbsthilfe erschöpft, kann man sich an die Botschaft wenden. Nachfolgend eine Übersicht, was die Botschaft tun kann und was nicht:

Auslandsvertretungen können:

- bei Passverlust einen Ersatzreisepass ausstellen.
- bei Geldverlust, jedoch nur in Ausnahmefällen, Überbrückungsgeld zahlen.
- lokale Ärzte, Krankenhäuser, Anwälte und Dolmetscher benennen.
- bei einer Verhaftung die anwaltliche Vertretung sicherstellen und Angehörige informieren.
- bei Vermissten- und Todesfällen behilflich sein.
- bei Katastrophen und politischen Unruhen Evakuierungen organisieren.

Auslandsvertretungen können nicht:

- Führerscheinersatzpapiere oder Personalausweise ausstellen.
- unbezahlte Hotelrechnungen, Bußgelder oder Krankenhausrechnungen begleichen.
- bei Geldverlust die Fortsetzung der Reise finanzieren.
- anwaltliche Tätigkeiten übernehmen.
- als innerdeutsche Behörden, Reisebüros, Krankenkassen oder Banken tätig werden.
- die Kosten einer Such- und Rettungsaktion übernehmen.

Generell gilt: In Anspruch genommene Leistungen und finanzielle Hilfeleistungen müssen zu Hause zurückgezahlt werden.

RÜCKKEHR NACH DEUTSCHLAND

Nach der Rückkehr

Der Abschied von Neuseeland fällt fast allen Backpackern schwer. Vor allem in den ersten Tagen nach der Rückkehr vermissen viele die Zeit in Neuseeland und sehnen sich zurück ins Land der langen weißen Wolke. Diese Gefühle sind völlig normal, denn die Eingewöhnungszeit in Deutschland kann, ebenso wie die Eingewöhnungszeit in Neuseeland, mehrere Wochen, manchmal sogar Monate dauern. Aus diesem Grund wird empfohlen, sich auch auf die Rückkehr nach Deutschland gut vorzubereiten. Wer sich bereits vor der Heimreise über die aktuellen Ereignisse in Deutschland informiert und sich ein paar Gedanken darüber macht, was einen in Deutschland erwartet, wird sich viel schneller wieder an die alte Heimat gewöhnen können.

Nach der Rückkehr sollten zuerst alle wichtigen Behördengänge wie die Meldung bei der Agentur für Arbeit, der Krankenkasse und dem Einwohnermeldeamt erledigt werden. Danach kann alles, was vor der Abreise abgemeldet wurde, wieder angemeldet werden. Dazu gehören Telefonanschlüsse, Versicherungen, Mitgliedschaften und Abos. Wer auf Arbeitssuche ist, kann sich die aktuellen Stellenanzeigen durchlesen und seine Bewerbungsunterlagen mit den in Neuseeland gemachten Erfahrungen und erworbenen Fähigkeiten aktualisieren. Sprachkenntnisse, Auslandserfahrung und Organisationstalent sind z. B. drei Pluspunkte, die erwähnt werden können.

Auch wenn die ersten Tage oder Wochen nach der Rückkehr schwierig sind, sollte man nicht traurig in der Ecke sitzen, sondern sich auf den Neustart in Deutschland konzentrieren. Auch in Deutschland gibt es Möglichkeiten den Alltag interessant zu gestalten. Wochenendtrips mit Freunden, Kurse an der Volkshochschule oder ein weiteres Hobby sind Möglichkeiten Neues zu entdecken, Fähigkeiten zu vertiefen und interessante Leute kennenzulernen. In Neuseeland gemachte Erfahrungen können helfen, auch in Deutschland wieder Fuß zu fassen und Spaß zu haben.

Der Auslandsaufenthalt im Lebenslauf

Arbeitgeber suchen heutzutage nicht nur qualifizierte Mitarbeiter, auch die sogenannten Soft Skills spielen eine wichtige Rolle. Diese weichen Fähigkeiten sind Kompetenzen, die neben der fachlichen Kompetenz, persönliche Fähigkeiten und Persönlichkeitseigenschaften wie Kommunikationsfähigkeit, logisches Denken und Durchsetzungsvermögen darstellen. Durch einen längeren Auslandsaufenthalt hat man die Möglichkeit viele dieser weichen Fähigkeiten zu erwerben, die vor allem beim Berufseinstieg wichtig sind. Eigenschaften wie Belastbarkeit, Teamfähigkeit oder Zuverlässigkeit kommen heute in fast jeder Stellenanzeige vor. Bewerber sollten deshalb schon im Anschreiben auf die geforderten Qualifikationen und Eigenschaften anhand von Beispielen eingehen: Hat man den Auslandsaufenthalt selbst geplant und finanziert, kann dies unter Organisationstalent verbucht werden, wurden verschiedene Jobs ausgeübt können Selbstständigkeit und Eigeninitiative genannt werden. Natürlich ist es nicht möglich, auf alle vom Arbeitgeber gewünschten Eigenschaften einzugehen. Bewerber sollten dann die Fähigkeiten und Beispiele aufgreifen, die besonders für den jeweiligen Job wichtig sind. Weitere Eigenschaften können später im Vorstellungsgespräch erwähnt werden. Das Auslandsjahr selbst kann im Lebenslauf unter der Kategorie „Sonstiges" aufgeführt werden. An dieser Stelle können im Ausland gemachte Erfahrungen genannt werden, wie z. B. das Vertiefen der Sprachkenntnisse. Details über Reisen und einzelne Jobs müssen nicht angegeben werden, es sei denn, sie sind relevant für die zukünftige Arbeitsstelle.

ANHANG

Countdown

3 bis 4 Monate vor Abreise

- ☐ Reisepass auf Gültigkeit prüfen bzw. neu beantragen
- ☐ Visum beantragen
- ☐ Flug buchen
- ☐ Wohnung kündigen bzw. Zwischenmieter suchen
- ☐ Abonnements/Verträge/Mitgliedschaften kündigen
- ☐ Englisch lernen
- ☐ Sprachkurs in Neuseeland buchen

2 bis 3 Monate vor Abreise

- ☐ Gesundheits-Check beim Hausarzt
- ☐ Vorsorgeuntersuchung beim Zahnarzt, Frauenarzt, etc.
- ☐ Untersuchung beim Augenarzt
- ☐ Ersatzbrille bzw. Kontaktlinsen bestellen
- ☐ Impfberatung/Impfprogramm beginnen
- ☐ Reiseapotheke und Dauermedikation besorgen
- ☐ Krankenkasse kündigen
- ☐ Ausrüstung kaufen
- ☐ Wichtige Dokumente übersetzen, evtl. beglaubigen lassen
- ☐ Internationalen Führerschein beantragen
- ☐ Mitgliedschaftskarten beantragen (z. B. ISIC, YHA)

1 bis 2 Monate vor Abreise

- ☐ Versicherungsschutz überprüfen (z. B. Haftpflicht, Hausrat)
- ☐ Versicherungen abschließen (z. B. Krankenversicherung)
- ☐ Geldkarten auf Gültigkeit prüfen bzw. neu beantragen
- ☐ Reiseschecks bestellen
- ☐ Online-Banking Zugang beantragen
- ☐ Neue Schuhe einlaufen
- ☐ Arbeitsstelle kündigen
- ☐ Arbeitslos melden
- ☐ Reiseführer lesen und Insider-Tipps sammeln
- ☐ Unterkunft für die ersten Nächte organisieren

2 bis 3 Wochen vor Abreise

- □ Nachsendeantrag bei der Post stellen
- □ Lebenslauf vorbereiten
- □ Schulden begleichen

1 bis 2 Wochen vor Abreise

- □ Wohnsitz abmelden
- □ Dokumente auf Vollständigkeit und Richtigkeit prüfen
- □ Infomappe für Kontaktperson erstellen
- □ Abschiedsparty

2 bis 3 Tage vor Abreise

- □ Rückbestätigung des Fluges
- □ Probepacken

1 Tag vor Abreise

- □ Packen

Abreisetag

- □ Abschied nehmen und unbesorgt abreisen

Die erste Woche in Neuseeland

- □ Postfach anlegen
- □ Steuernummer beantragen
- □ Bankkonto eröffnen
- □ Handy und SIM-Karte kaufen

Packliste

Die nachfolgende Packliste ist umfangreich gestaltet und soll nur als Leitfaden dienen, sodass nichts vergessen wird. Keineswegs muss bzw. sollte alles Angegebene mitgenommen werden.

Dokumente

- ☐ Reisepass/Visum
- ☐ Flugtickets/Boarding Card
- ☐ Fahrkarten
- ☐ Sonstige Reiseunterlagen (z. B. Hostelbuchung)
- ☐ Bargeld, Maestro-Karte, Kreditkarte, Reiseschecks
- ☐ TAN-Liste (für Online-Überweisungen)
- ☐ Auslandskrankenversicherung
- ☐ Medikamentenbrief
- ☐ Impfpass
- ☐ Führerschein/Internationaler Führerschein
- ☐ Liste mit Notfallrufnummern
- ☐ Adressbuch/Kalender
- ☐ Mitgliedschaftskarten (z. B. ISIC, YHA, ADAC)
- ☐ Sonstige Zertifikate und Lizenzen (z. B. Tauchschein)
- ☐ Lebenslauf/Arbeitszeugnisse
- ☐ Kopien aller wichtigen Dokumente
- ☐ Sonstiges:

Reisekleidung

- ☐ Unterwäsche (für 7 bis 10 Tage)
- ☐ 2 bis 3 BHs/Sport-BHs
- ☐ 7 bis 10 Paar Strümpfe/Socken
- ☐ 7 T-Shirts (ein Shirt als Schlaf-Shirt)
- ☐ 2 bis 3 Langarm-Shirts
- ☐ 2 bis 3 Tops
- ☐ 2 lange Hosen
- ☐ 2 bis 3 kurze Hosen
- ☐ 1 Jacke
- ☐ 1 Fleece-Pulli

- ☐ 1 bis 2 Leggings
- ☐ 1 Sarong
- ☐ 1 Rock
- ☐ 1 Sonnenhut
- ☐ 1 Badehose/Bikini/Badeanzug
- ☐ Arbeitskleidung
- ☐ Sonstiges:

Schuhe

- ☐ Wanderschuhe
- ☐ Trekkingsandalen
- ☐ Alltagsschuhe (z. B. für Restaurant- oder Discobesuche)
- ☐ Badelatschen/Flip Flops

Pflegeutensilien

- ☐ Waschtasche
- ☐ Duschgel/Shampoo
- ☐ Kosmetik
- ☐ Gesichts-/Hand-/Körpercreme
- ☐ Sonnencreme
- ☐ Lippenpflegestift
- ☐ Zahnbürste/Zahnpaste/Zahnseide
- ☐ Kamm/Haarbürste
- ☐ Haarspange/-gummi
- ☐ Haarspray/-gel
- ☐ Deo
- ☐ Rasierer/Rasierschaum
- ☐ Taschentücher
- ☐ Hygienetücher
- ☐ Tampons/Slipeinlagen
- ☐ Pille/Kondome/sonstige Verhütungsmittel
- ☐ Wattestäbchen
- ☐ Pinzette
- ☐ Ohrenstöpsel
- ☐ Nagelfeile/-schere
- ☐ Spiegel

- ☐ Kontaktlinsen/-behälter/-reinigungsmittel
- ☐ Reisewaschmittel
- ☐ kleine Bürste
- ☐ Sonstiges:

Reiseapotheke

- ☐ kleine Tasche für Reiseapotheke
- ☐ Medikamente gegen Übelkeit
- ☐ Medikamente gegen Fieber und Schmerzen
- ☐ Medikamente gegen Durchfall und Verstopfung
- ☐ Mittel zur Behandlung von Allergien, Insektenstichen usw.
- ☐ Zovirax/Aciclovir-Creme
- ☐ Mückenschutz/Mückenspray
- ☐ Elektrolytpulver
- ☐ Desinfektionsmittel
- ☐ Fieberthermometer
- ☐ Pflaster/Verbandmaterial
- ☐ Schere
- ☐ Pinzette
- ☐ Sicherheitsnadeln
- ☐ individuell notwendige Medikamente
- ☐ Bescheinigung zur Mitführung von Medikamenten
- ☐ Sonstiges:

Campingausrüstung

- ☐ Zelt
- ☐ Schlafsack
- ☐ Inlett
- ☐ Isomatte
- ☐ Dosenöffner
- ☐ Kochgeschirr und Besteck
- ☐ Campingkocher
- ☐ Töpfe
- ☐ Taschenlampe/Stirnlampe
- ☐ Sonstiges:

Sonstiges

- ☐ Rucksack
- ☐ Tagesrucksack
- ☐ kleine Umhängetasche
- ☐ Geldgürtel
- ☐ Handy
- ☐ Digitalkamera/Videokamera
- ☐ Speicherkarten für Kamera
- ☐ Notebook/Netbook/Tablet
- ☐ USB-Stick
- ☐ MP3-Player
- ☐ Ladegeräte/Netzteile für Handy, Kamera, Notebook usw.
- ☐ Reiseadapter
- ☐ Reisewecker
- ☐ Reisevorhängeschloss (für Rucksack, Spind, usw.)
- ☐ Buch/Zeitschriften
- ☐ Wörterbuch
- ☐ Reiseführer
- ☐ Tagebuch
- ☐ Stifte
- ☐ Notizblock
- ☐ Nackenkissen
- ☐ 1 bis 2 Reisehandtücher
- ☐ Regenschirm
- ☐ Kompass
- ☐ Reisespiele (z. B. Karten)
- ☐ Nähzeug
- ☐ Taschenmesser
- ☐ Taschenlampe/Stirnlampe
- ☐ Trinkflasche
- ☐ Sonnenbrille
- ☐ Ersatzbrille/Kontaktlinsen/Lesebrille
- ☐ Wäscheleine
- ☐ Klebeband
- ☐ 1 bis 2 Plastiktüten (z. B. für Schmutzwäsche)
- ☐ Sonstiges:

Notizen

Index